周开金◎著

乡村班主任

XIANGCUN
BANZHUREN

 四川大学出版社

项目策划：孙滨蓉　梁　平
责任编辑：孙滨蓉
责任校对：楼　晓
封面设计：璞信文化
责任印制：王　炜

图书在版编目（CIP）数据

乡村班主任/周开金著.—成都：四川大学出版
社,2019.6（2024.6 重印）
ISBN 978-7-5690-2785-3

Ⅰ.①乡…　Ⅱ.①周…　Ⅲ.①农村学校–班主任工作
Ⅳ.① G451.6

中国版本图书馆 CIP 数据核字 (2019) 第 024828 号

书　名	乡村班主任
著　者	周开金
出　版	四川大学出版社
地　址	成都市一环路南一段 24 号（610065）
发　行	四川大学出版社
书　号	ISBN 978-7-5690-2785-3
印前制作	四川胜翔数码印务设计有限公司
印　刷	永清县晔盛亚胶印有限公司
成品尺寸	148mm×210mm
印　张	7.5
字　数	201 千字
版　次	2019 年 6 月第 1 版
印　次	2024 年 6 月第 2 次印刷
定　价	58.00 元

扫码加入读者圈

四川大学出版社
微信公众号

目 录

学生是什么？学生不仅仅是玉石。教育是什么？教育不仅仅是雕琢。学生，像一只鸟，教育如春风，如阳光。春风、阳光让鸟飞得更高、更远……

——题记

引　子

　　芦溪乡是实实在在的一个小镇，但芦溪乡在风中，在一望无际的成熟的芦花眼里，却显得有些飘浮。传说芦溪乡因芦溪河而得名，但芦溪河之名又缘于那一望无际的芦苇。芦溪乡乃古代蜀国水陆交通要冲，像长在特殊部位的肚脐眼，彰显着连接巴蜀南北要地之荣耀。锦江则是成都平原的大血脉，自北向南流经芦溪乡之西，芦溪河自东向西横穿芦溪乡中部。最终，这一江一河没有形成十字架图案的冲突，却在三江乡三元寺巧妙地相拥汇合，连同各自养育的鱼虾一并注入滔滔的岷江。岷江，这条比神话更古老的江，流淌巴蜀大地。

　　在芦溪乡境内，曾有三大胜景：一是有仙气的九龙山，二是庄严殊胜的大佛寺，三是一望无际迷人的芦苇风光。

　　爷爷曾告诉我，每一片土地都是生长英雄的土地，主要是看在心中播什么样的种子。

　　一位画牡丹的画家也曾启发我，人生，就是调色人生，红也美，黑也美，只要心中有花朵。

　　爷爷说，九龙山平均高度三百多米，绵延数公里，因龙王的九个儿子而得名。

　　相传，长江神龙有一次遨游到芦溪河，顿时就被芦溪河的美景迷住了：河水澄清无比，蓝天白云倒映水中，五彩斑斓的鱼儿在水中来回畅游，河边芦苇葳蕤茂密，绵延无尽……于是，神龙便选择在芦溪河建造府邸。神龙潇洒豪放，英武神勇，深得八方妙龄女子的倾慕。他先后娶了九房太太。

不久，神龙喜得九子，只是九子长相大都像其母，不太像神龙。除了老大囚牛、老四蒲牢和老八负屃似龙，老二睚眦像豺，老三嘲风像兽，老五狻猊像狮，老六赑屃像龟，老七狴犴像虎，老九螭吻像鱼。

后来，神龙有些犯愁了，这九个儿子将来不会像自己一样生活，怎么教导他们练就一身自食其力的本领呢？当他抬头望见大佛寺时，如释重负。他来到大殿，请求佛爷开示。求得佛爷点化的神龙回到府邸，叫九子来到厅前，九位龙母手捧珠宝交给各自的儿子。神龙告诉儿子们要根据自己的爱好去拜师学艺，约定九年后学到本事回到芦溪河。

九年后，神龙九子齐聚芦溪河。在府邸前的花园，儿子们将自己学得的技艺展演给父母欣赏和评判。

囚牛率先上前，演奏了一曲四季黄河，将河水奔腾之气势与冰封之景演绎得如梦如幻，大家听得如痴如醉。他发挥了耳音特强的天性，遍访世间音乐行家里手，能辨出各种天籁之音，对各类音乐韵律了然于胸。

睚眦拔剑而起，剑随身行，腾挪翻转，只见寒光闪闪，形成一个银圈，无懈可击。他性情刚烈，师从人间武林高手到天上武界泰斗，骁勇善战，路见不平，挺身而出，斩妖除魔，成了一名战神。

嘲风望着花园中的一棵大树，一飞冲天，横踏树干，如履平地。他胆大心细，喜爱攀缘。

蒲牢上前运气，只见他的嘴微微一张，震耳欲聋的声音穿过花园，飘向远方。他生性胆小，却喜欢大海，喜欢歌唱，每天来到海边练声。有一天，他练得正入神时，眼前突然有一个庞然大物蹿出水面猛地向他扑来，他惊得大叫一声，转身就往回跑。原来是他的歌声引来了一条鲸鱼。久而久之，他练就了男高音，声音高亢而尖厉，穿透力特强。

狻猊右手执香，左手握蜡，在旋绕的烟雾中诵经说法，让在场的众生耳目一新，莫名欢喜。他喜欢香蜡燃烧时散发的味道，在这种氛围中他连坐几天都乐此不疲；他喜欢到佛堂听菩萨讲经说法，自己也能道出佛法的一些精妙来。

赑屃单手抓着万斤大鼎一足举过头顶，旋转七百二十度，脸不红，气不喘。他力大无穷，喜欢游览名山大川，跟着大禹王学习治水的本领，疏通河道，搬运沙石，修筑河堤。赑屃所到之处，水患全无。大禹王将赑屃治水的功绩刻在一座巨大的石碑上。

第七个出场的是狴犴，他讲述了自己办理的一件件离奇公案，大家听得津津有味。狴犴喜好诉讼，明辨是非，仗义执言，秉公而断。

负屃带着文房四宝来到场中央，一口气写了三十个不同形体的"龙"字，力透纸背，灵气飘逸，每个字好像都在笑。他爱舞文弄墨，喜好风雅。

鸱尾是龙兄弟中最后出场的，这个神龙最小的儿子轻盈地飞上大殿屋顶，张开大嘴，喷水降雨，一幅雨幕遮盖了半边花园。他曾游遍江河湖泊，历尽千辛万苦学得降雨神技。

龙子个个学有所成，神龙喜出望外，对儿子一一进行了奖赏，并叫他们到适合自己发展的地方去施展才能，造福苍生。

龙子们在家待了几天，便各奔前程。蒲牢进了大佛寺，赑屃留在大佛寺山门前的芦溪河码头，狴犴到了衙门，狻猊跟随文殊菩萨去了五台山……

后人将此传说在山上雕刻成图，至今，山上还保留着九龙欢

聚图。

九龙山不高，最高峰也只有三百三十米，却因龙的传说有了灵气。据说自宋代以来，九龙山方圆百里出了不少才子。人人敬仰的大家苏东坡，小时就曾在芦溪乡的一个大户亲戚家，上过三年私塾。苏东坡小时候对一位书法家说，只要给他一张纸，挥毫也敢写"乾坤"。当时唬得私塾先生脸色苍白，直劝他莫要胡言。因为龙的传说，龙的精神的激励，这里的人民天性很高。生长在这里的人民，总是把豪气当作做人的根本，仿佛英雄气概就是他们的特质。中华人民共和国成立后，这里，修建了一处宽广的烈士陵园，守护着在这片土地上为新中国诞生而冲锋陷阵的英烈的忠魂。

大佛寺居于九龙山腹地。大佛寺依山而建，高九层。大佛寺因大佛而得名。寺庙中有一尊释迦牟尼佛，佛坐高十八米。自从有了大佛寺，这里方圆二十里倒是风调雨顺。拜过大佛的人都说很灵验，每年前来许愿和还愿的人越来越多。寺庙终年香雾缭绕，钟声不断，东来西往的香客络绎不绝。过了山门，寺庙的第一层正殿便是观音殿。千手观音盘坐莲蕊，慈眉善目，法相殊胜庄严。最热闹的时刻是每年观音菩萨的诞辰，那个日子成了这里的放生节，寺庙前的芦溪河也成了放生地。农历二月十九那天，可谓人山人海，远近的善男信女或提着或挑着各种鱼，或是麻雀、松鼠类的小鸟小动物来到大佛寺前的芦溪河码头，十分虔诚地放飞心中的善愿企盼。满河的小龟爬上岸来，乐得稚童拍手竞相前去捕捉，骇得大人们跟在身后不停地呵斥，夺过孩子手中的小生灵放掉，生怕触怒了神灵，给自己及家里带来不祥……

春天，芦溪河两岸的芦苇像两条宽大的翡翠毯子铺向远方；夏日，葱茏的芦苇似青纱帐一般固守着芦溪河堤岸；秋季，芦苇吐絮，给芦溪河畔编织了一幅绵延无尽的素锦；冬末，芦苇花如瑞雪装点着芦溪河，北风起时，苇絮纷纷扬扬，似银花般在空中飘舞，撩发多少纯洁的儿女情，上扬了几多少年的鸿鹄志……

九龙山下，芦溪河边，坐落着一所名叫芦溪乡初级中学的学校，学校就建在大佛寺旁边。在一场运动中，大佛寺的佛像被毁了一部分，后来又渐渐修复。学校实在简陋，大大小小的房子只有二十一间。六间教室，两间办公室，一间配房堆着学校的各类杂物，其余十二间做了教师的寝室。因学校住房紧张，语文教师高源和另一位叫袁华的教师合住了一间。

一九八五年的八月，芦溪乡发生了一件与中学有关的稀奇事：一个刚读完初二的女学生嫁人了！不明就里的几个村妇在窃窃私语。有人说看见那个刚当新娘子的初中学生白天和新郎坐着一辆小四轮拖拉机走了；有人说女学生是晚上跟她的那个相好搭着自行车私奔了；有的说这家人嫁女真是奇怪，就是再穷不办九碗（指酒宴）也应该放串火炮嘛，静悄悄的，好像根本就没有这回事一样；还有人猜测着学生年龄小，婚姻合不合法？竟有人急不可耐地向校长王德立打听。王校长心里也纳闷：还没有听说此事，现在是假期，学校管不着放了假的学生。据说学校还是派那个学生的班主任去家访了。

这一天，正是新学期学生到校报名的日子。

初秋的阳光，从西边撒落在办公室外的香樟树上，轻柔温暖地拥抱着树叶。片片树叶成了光彩四溢的梦的眼睛，微风拂过，泛起阵阵炫目的金光，飘散出若有若无的清香。一只红蜻蜓在空中盘旋了几圈，轻盈地降落在一片宽厚的树叶边沿，让世界从此多了一种鲜艳和飞翔的记忆……一株柑橘树，在不远处，低矮地望着香樟树，仿佛在思索着什么更深刻的带刺的东西。

　　高源的目光诗意地在窗外停留了些许时候，现在已是初三·一班班主任的他缓缓起身，拉开背后的椅子，伸了个懒腰，轻轻地呼了一口气。高源，一米七的个子，身着一件淡黄色棉质小西装，一条银灰色涤纶西裤，一双棕色皮鞋。他的眉毛不浓，一副浅色眼镜下，一双有些近视略凸的眼眸充满自信和温情。他看看放在办公桌上的手表，快到下午六点了。班上还有一个叫蒋莲梅的女生没来报名。他想：或许她还在家里帮父亲收稻谷，或许遇到其他什么事情了。这两年来，她到校上学总是会提前到的。他问了问办公室的其他几个班主任，也或多或少还有没来报名的学生。

　　包产到户政策刚实行几年，农民对土地的情感依然如久别的亲人。整个芦溪乡，以丘陵地势为主，坝区面积少。大大小小宽窄不一极不规则的田地，东一块西一坨地躺在村东村西，加上这儿的经济发展滞后，人们要考虑种与收的成本，播种机和收割机在这儿基本派不上用场，以一家一户的种收方式为主。农忙季节，偶尔也请人帮工，或是换工。先收割，再用打谷机或拌桶将粮食打下，担抬回去，最后用风谷机将叶片和瘪谷吹离，才算完成一个程序。所以，农忙时节，需要投入较多的人力和工时。经济拮据的人家常常是不分男女老少全体出动。在这里，有的学生在家里帮助父母干完秋收农活，要推迟一个星期到校。有的农家，认为粮食比知识重要。只有那些把知识嫁接在梦想之上的家长，才暗暗地鼓励自己的子女，加油读书，改变命运，光宗耀祖。

　　"高源，走。""好吧。"高源锁上抽屉，和初三·二班班主任袁华走出了办公室，顺手把学生带来的兔草提了出去。

　　在伙食团吃完饭，高源先到学校的花园里走了一圈，然后又来到操场散步。操场没有围墙，里面挨着一排教室，操场外面坎下不到五米的地方就是芦溪河。

　　为了装饰校园，为了锻炼学生养成爱劳动的习惯，早在高源分配到芦溪中学任教时，王校长安排各班学生在这段河边栽上许多杂七杂八的树。沾了河水的光，不少树木如今也是郁郁葱葱，有丈余高了，成为体育课的卫士。学生活动时，飞出操场的羽毛球，滚下坎的排球、篮球，多半被树木给救护了。

　　傍着水边的是芦苇。初秋的芦苇早已高过人头，强壮的秆、柔韧的叶蓬蓬勃勃密密地连接成一片绿云，给河水增添了几分秀色。此时的芦苇，孕育着的花穗或白或黄或紫，斑斓迷人，宛如待字闺中的妙龄女子，情窦初开，羞答答地探头向外张望……

　　高源从河边回到寝室。整个房间有一二十平方米，高有四米多。檩子是一根很粗的木棒，椽子的木料笔直结实。由于背靠山脚，只是用砖瓦碎末平整过的地面有些潮湿。由于年久失修，刮大风时，有的瓦被吹移后出现缝隙，时常漏雨。学校后勤方会计安排附近生产队的房匠来翻捡一下，便又能凑合着过些时日。后来，高源觉得太麻烦别人了，便和袁华亲自动手。袁华在下面扶梯子，高源敏捷地上房，上挪挪，下移移，左翻翻，右弄弄，就基本搞定。这些基本功，还是高源小时候，在饥饿的驱使下，爬树和上房掏鸟窝练出来的。房屋虽然简陋，却住着两位年轻的教师。

　　寝室里放了两张床，摆了两张写字台和两把木椅。这些家具都是公家给分配来的新教师置办的。高源买了一盏台灯，一个煤油炉子，一口小铝锅，一个泡菜坛子；袁华置了一个洗脸架，这个洗脸架有两层，能放两个面盆，顶上的横架上，左右两边正好挂两张毛巾。二人的木箱，分别放在地上几块火砖上。高源床边的写字台上放了两排书：中文函授教材和《马克思恩格斯选集》《毛泽东选集》《红楼梦》《论人生》《钢铁是怎样炼成的》《一千零一夜》《素书》《庄子》《催眠术》《教育名言集》《控制论资料汇编》《信息论资料汇编》《系统论资料汇编》《教学过程最优化》

《中学语文教学参考》《成都教研》《中学生读写》《现代汉语词典》《流行歌曲》《故事会》……有了这些书，他的教育雄心就可以勃勃成长。

很多时候，高源都不在寝室里看书，一是寝室潮湿，二是怕影响到袁华，三是办公室的环境适宜看书。待在办公室里，除了批改作业或备课，还便于跟学生交流。今天，没正式开学，就顺便在房间里看起书来。

"高源，可以睡了吧，明天六点还要起来跑步哟。""快了！"高源抬头看了看睡眼蒙眬的袁华，又看了写字台上的手表——快半夜十二点了。他把台灯压得更低，又把光线调弱。复习完一节内容后，他放下手中的函授教材《写作通论》，拿出一个崭新的日记本，在第一页纸上草草写道：

1985 年 9 月 1 日　星期日　晴

要使生命活得有意义，让自己生长得枝繁叶茂，一定要用梦想来喂养自己的才能，必须把自己锻炼成一个强者。匹夫不敢忘忧国，不是一句口号，而是一种情怀，是一个人必须具备的人生素养。一个人，绝不能因为自己生长的土地贫瘠，就懒散，就不想开花，就放弃结果。太多的人，过早地放弃了梦想，过早地把自己理应的担当推卸给儿孙。苍白而无聊的人生是缺少勇气造成的。

《马克思恩格斯选集》第一卷有这么一个论断——"任何人类历史的第一个前提无疑是有生命的个人存在。"

是的，历史的更新，时代的变化，社会的进步，国家的繁荣，这一切都离不开有生命的"人"。可以说，人是构成整个社会的主体。一旦离开了"有生命的个人存在"，那一切都会化为乌有，什么都谈不上了。

　　然而，正因为人有其重要的价值存在，时代对每个人也是有要求的。能否担负起时代的重任，能否完成历史的使命，这对每个存在（活着）的人来说，无疑是个严峻的考验。

　　事实上，许多人都经受住了考验，他们基本上合乎所处时代的标准。如那些留下英名的豪杰，如我们身边的劳模、科技工作者，三百六十行涌现出来的佼佼者。

高源躺在床上，闭上了眼睛：明天，在班上首先要做的事情就是要弄清蒋莲梅没来报名的事！

1.

莲梅辍学

　　星期一早晨，一个初中生模样的女生急匆匆向芦溪中学跑来。马尾巴似的头发在奔跑中不停地晃动，她的身上充满着青春的活力。她身着一套蓝色运动装，衣袖和裤腿中间均有一道白杠，好似青春的节奏在跳跃。她就是现在初三·一班的班长江玉春。

　　"报告!""请进!"早晨七点半，江玉春到了办公室。"高老师，莲梅姐不读书了。""怎么回事?"高源顿时怔住了，原来的预感终成事实，但他还是觉得有些突然。两年前，蒋莲梅来报名，高源在登记她的出生年月时，就愣了一下：这个学生竟然比自己还大一个月! 学生比教师年龄大的事例在大中专校园中是司空见惯的。在高中学校里也有，因为千军万马过独木桥实在不易，他高考那一年，班上就有一位连续复读八年考上了中专学校的同学。可这种事例在一所初中校园里还是罕见的! 当时，报完名，高源心里就有了一种隐忧：蒋莲梅能不能把初中学习坚持完? 没想到她的学业现在真的就要画上一个句号了! "不读书"三个字让他如受电击，一阵麻，麻木中夹杂着疼与酸，还有说不出来的感觉。蒋莲梅似乎一个雪人儿，一瞬间化了，只剩一摊水在地上。

他的脑海里又浮现出一幕情景来：一天下午，高源正在办公室里备课。一会儿，语文科代表把作文本抱来，她对高源说："蒋莲梅的还没写完，她说等一会儿再交过来。"

过了一阵，蒋莲梅来办公室交作业。她叫了声"高老师"，红着脸将那一摞作文本往上一挪，把自己的本子往最底下一塞，调头就要走。

"蒋莲梅，你等一下！"高源叫住了她。

"高老师，我，我……"蒋莲梅转过身来，欲言又止，不知老师是不是要批评她没按时交作业。

"我不是医生，你又不是来看病挂号的，用得着这么排队吗？"高源笑着对蒋莲梅说。他知道，蒋莲梅心底略有一丝自卑，得维护她那根敏感的神经，增强她的自信。

记得初一时，高源就将诗人凯华写的《荷花》抄下，连同"优胜卡"一起交给了蒋莲梅。蒋莲梅联想到自己的身世，甚是喜爱这首体现了自己心境的诗歌：

> "灵魂是高贵的／又何必在乎命运／荷啊，能开放幽香的花／这就够了／何必在乎莲的收成／脚下的污泥　有这个热烈的夏天／守候。花蕊有阳光／蜜蜂来访／有浓浓的晨露／为你多情／足了，真的足了"

荷花不计较成败荣辱，不患得患失，更不在乎命运对自己的不公。因为有美好而高尚的追求，还因为奋斗者自会有人理解：夏天守候，阳光相伴，蜜蜂造访，晨露相依……因为有了这些，对一个奋斗者来说，还有什么遗憾呢！不惧"污泥"困扰的厄运，依然昂首蓝天，"开放幽香的花"，坚守追求理想的信念。作为奋斗者形象的荷花，一直在蒋莲梅心中鼓励着她。

作为老师，当下能抓住每一次契机来点燃学生好学上进的激情，点燃学生照亮前程梦想的火炬，该多好啊！他边说边把蒋莲梅的本子抽了出来，"所有的作文本都还没有改，后来居上，放在上面吧，不会弄混的。今天，我先看你写的。"

"谢谢老师！"蒋莲梅听后心里的石头落了地，她给高源鞠了一躬，轻轻地离开办公室。

蒋莲梅走后，高源对她刚才迟交作业的举动十分感慨，于是草草写了一首诗：

给迟交作业的女孩

你迟交作业本
总是把它放在下面
别，别这样

往下面一放
便压住了一颗不甘心的灵魂
压住了一颗渴望向上跳跃的心

我们压抑了多少年
今天不再需要这份耐性
让心说，让心说
即使后来，也敢居上

把作业本放在上面吧
亲爱的同学
理想，需要一个支点
老师需要你站在高处

过了两天，在作文讲评课上，高源表扬了蒋莲梅："同学们，这次半命题作文《父爱_____》，蒋莲梅写得很精彩，大家要向她学习。她选择了闹钟和蒸格这两个物件，采用了细节描写法。

父亲为了保证女儿按时上学，调好闹铃，每天都准时起床，给女儿做好饭后，才叫醒女儿起床；同时，待女儿快回家时，闹钟再次提醒他，把饭菜热上。为了保证女儿回家吃上热菜，喝到热汤，父亲特地又去买了一个蒸格回来，将菜和汤分别放在两层蒸格一起热上。字里行间，透露出一颗伟大的父爱之心对女儿深深的眷爱，很是感人。下面，请莲梅同学来朗读她写的《父爱与阳光》。"

蒋莲梅声情并茂地朗读了自己的作文，全班同学被文章描写的父爱深深打动了。

课后，班干部将她和其他同学的优秀作文用钢笔抄写在班报《芦花月报》上面，供大家学习交流。高源同时将自己写的《给迟交作业的女孩》交给学生，誊写在班报上。

"昨天报名回家后，我才知道莲梅姐已悄悄出嫁一个星期了！"江玉春与蒋莲梅同在一个生产队，蒋莲梅的情况她自然比较清楚。

听了江玉春的回答，高源心里十分难受，一个学生辍学了！这已无法改变！更让高源难堪的是，在他家访时，蒋莲梅的父亲向他保证过，说莲梅不会提前出嫁，一定会读完初中后，再考虑出不出嫁。那么，他被蒋莲梅的父亲骗了？

高源同副校长赵琼再次出现在蒋莲梅家时，她家的院门上多了一把锁。经打听，邻居说蒋莲梅的父亲已三天没回家了。高源和副校长赵琼没有办法，过两天又再去，门上还是那把锁把门。赵琼有些心酸，说女人命苦，女人在农村更苦。女人在贫瘠的地方，仿佛只是生活的一种陪衬。高源递出一张餐巾纸给赵琼，赵琼接过擦擦眼睛。高源宽慰赵琼几句。赵琼副校长说得对，女人是天底下最灵性的生命，是靠美梦养活的一种动物，在没有梦想的地方，女人像缺水的鱼，会很快渴死。

　　读书或不读书，选择权不完全在学生自己手里。学生不愿进学校是可能的，也会得到鼠目寸光的人支持。但想读书就不一定了，在许多地方，除了考试升学的原因，还存在学生读不成书的种种现象。交不起学费或家长不愿交学费就可能导致学生失学；有时，脆弱的自尊心被人忽略了，学生会退学；读书学习遇到困难，或因为犯错也会让学生失学；还有个别教师为了提高平均分和升学率，急功近利，挖空心思劝退成绩差的学生。

　　蒋莲梅不读书，可能不只是她要嫁人这么简单。

　　这一天，蒋莲梅的父亲带着几十个人，冲进学校，向高源老师要人，说是高源老师害死了他的女儿蒋莲梅，要高老师偿命。高源迅速被老师组成的团队挡在后面。由王校长同蒋莲梅父亲交涉。蒋莲梅父亲说，他们晚上去送亲，送到半路，蒋莲梅说要休息一下，就跑到悬崖边，说，她真心敬的、爱的是高源老师，如今父母要逼着她嫁给另一个人，她此生的幸福被毁了，没有活路了，唯有一死，来生再报父母的养育之恩。说完，就跳悬崖摔死了。说着说着，蒋父就把手里的一大把信纸摊出来，说，是他女儿写给高源老师的情书，也是证明他女儿是高源老师害死的证据。蒋莲梅的父亲还从中拿出一张信纸说，这一张，是高源老师写给女儿的。高源一看，果然是自己写给蒋莲梅的信。但那是劝蒋莲梅好好学习的信，是在阳光下写的，是见得人的，是没有涉及男女之情的信啊，况且自己早已有了女朋友。高源不知道王校长与蒋莲梅父亲说了些什么，高源只知道麻烦来了，口渴得厉害，头上开始冒热气。突然一惊。醒来，定定神。我的天啦，幸好是一个梦，谢天谢地，有些东西还是假的好，比如灾难。

　　今年，蒋莲梅已满二十一岁。暑假里，她的姨妈给她介绍了一个对象，那个小伙子是一个搞建筑的包工头，住在成都市郊县的一个坝区。他待人有孝心，决定在莲梅出嫁时，把岳父一同接到家里照顾。恰逢小伙子所在的社里要调整包产田地，于是想把蒋莲梅的户口赶紧迁过去。对这件婚事，莲梅开始并不愿意，她想读书。父亲蒋余明忍不住把当年全家遭难的原委向女儿和盘托出，他不想再看到女儿与仇人的儿子同在一所学校读书，更不想再跟仇人同住在一个村社里了！头一次听说自家当年遭大难的经过，蒋莲梅怔住了，半天没能说出一句话来。踌躇再三，莲梅也不忍心再看到老父那悲愤交加的眼神了，于是同意出嫁，但她不愿声张，决定不在自家举办婚宴，婚宴可以在男方家举办。其父也同意了她的想法。尽管没有惊动四邻，办手续时也没让其他人知道，可不知怎的，她出嫁的事还是被生产队里的一些人隐隐约约地觉察到了。

其实，那个心怀鬼胎的人，还是安排了一个人，跑到蒋莲梅要嫁的夫家，说了不少蒋父的不是，还说了不少对蒋莲梅不利的话。只是那个小伙子，有自己的观察和判断，那个人的阴谋，才没能得逞。那天，小伙子听着听着就忍不住了，对那个人说，我已和蒋莲梅定亲，我已认定她是我的妻子了，你跑来说他们的坏话，就等于说我眼睛有毛病，就等于给我的妻子泼脏水，你给我滚蛋。说着，一杯热茶泼了过去，那人吓得狼狈逃窜。我们身边总有一些人，活着活着就变了，变得没有良心了，变得不整人就浑身不自在了，同时也慢慢地变得无耻了。

生活这条河，是很倔强任性的，它只会按自己的存在方式流动。改变的，只是单个的个体生命。这天，高源安排江玉春："玉春，你到班上去通知班委干部，在早读时间开个会，商量一下如何对待莲梅不读书这件事。我先去给王校长汇报一下，过一会儿就到班上。""哦，高老师，莲梅姐说，等大家忙过一周后，到周末再来看您和同学；她还说，她很喜欢您写的歌曲，想请您给她写一首歌作纪念。"这是一个学子离校前的一点心愿，高源点头说："我知道了。""谢谢老师！"班长江玉春既是代表莲梅，也是代表自己，更是代表全班同学表达了对班主任的谢意。这个比他们多数人大不了几岁的年轻老师，在各个方面关注着他们的成长。在这两三年来的日子里，高源已走进全班每个人心里，成了学生的良师益友，成了推动学生前行的强劲东风。

班长江玉春和其他班委都是通过竞选当上学生干部的，既受同学们的支持，又受老师们的喜爱。按照班主任的安排，班委们立即抬上条凳到教室外的花园里开会。蒋莲梅嫁人不读书了，成为班上的一条爆炸性新闻。不少人感到有些突然，有些茫然。交头接耳之后，大都表示不能接受，或不愿意接受这个现实。同学们一致认为，初中时期，除了读书是美好的，做其他任何事，都是不好的。有两名班干部，直接就哭开了。

"莲梅同学读书的影子倒下了，是让人悲伤的事。但请不要哭。莲梅是我班的大姐，在班上很受大家尊重，她既然不读书了，自然有她的理由。请大家对此事发表一下各自的意见！"班长先来个开场白。

"是不是大家一起去劝她回学校，至少把初中念完啊。"体育委员李喜弟道出了自己的想法。那时，参军、招工、就业要求的最低文凭就是初中毕业证，所以初中毕业证，是一个前进的凭证，不能不要。

"算了吧！我知道莲梅姐的身世很惨，她学习能坚持到现在也很不容易了。况且，她的年纪也不小了，嫁人对她来说未必不好！请大家不要认为我说的这些是废话，生活，有时候比想象的要残酷得多。我记得在一篇杂文里读到过这样的话：大家不要以为我们已经文明五千年了，什么都太平了，什么都文明了。其实，身边的冷酷，身边的残忍，什么时候都没有停止过生长。"文娱委员胡云秋也了解蒋莲梅的一些情况，并说得有些火药味。

与蒋莲梅同一个生产队的三个班干部都表了态，其他班干部不了解莲梅究竟是为什么辍学，便没有发表意见，只是说莲梅给大家的印象很好，建议选点礼物赠送给她作纪念。同班同学，有着一种很深的情分。

坐在一间独立的茶室，副校长赵琼对前来的高源说，女人是不是一种生长麻烦的动物，女人身上出的麻烦，怎么那么多。

高源听出不祥，问出了什么事。赵琼突然脸色大变，乌云翻滚，说，自己好像要失恋了。她的恋人，暂不同意和她结婚，并大吵一架，使双方家庭都陷入一种困境。

高源头脑里第一个想法是，我的天啊，这么漂亮，这么有情怀，这么有能力，这么优秀的美女，竟然有人不愿意娶。人心浑浊啊，在浑浊的人心里，哪里映照得出明月啊！高源想，让赵琼哭出来才行，不然郁结之气堵在心里，会出大麻烦的。就顺势说道："怎么回事嘛，怎么可能呢？你的那位不就是个副县长的公子嘛，有什么了不起。"

这一通话，果然击中赵琼的泪腺，赵琼立刻泪如泉涌，说："老同学，我心里苦呀！"

"我们在一起那么多年，你是知道的，为了上进，我拼命学习，一直成绩优异。为了上进，我给自己制定了要助跑才能达到的高度。对人极为善良，对男朋友的父母，更是孝顺；对男朋友，也是那么的好。三年了，可是，换来的是人家不想要我。"

高源说："请你直说，赵同学，你分析是什么原因？"

"我爸是县上的副局长，他爸是县上的副县长，门不当，户不对，不是我个人的原因。"

"浑蛋。"高源恶狠狠地骂了一声。此时，高源好想把赵琼搂在怀里，让她不要那么冷，但他知道，不能那样做……

"那这样。还是我来给大家说说莲梅姐家的事吧，不能老让大家的心悬着！"为了让同学们更了解蒋莲梅辍学的原因，江玉

春接着向大伙讲述了蒋莲梅一家辛酸的往事：

蒋莲梅原叫"蒋爱军"，其父蒋余明取这个名字的含义很明显——热爱解放军。爱军原本有三个哥哥，全家一共有六口人。虽然那时家境贫寒，倒也过得其乐融融。但是，天有不测风云，一场浩劫，把蒋余明这个小山村的默默无闻的人也卷了进来，将这个原本充满温情，荡漾着笑声的家也给毁了。

爱军所在的大队叫解放大队。那时，在中国大地上，几乎所有的地方行政村，都改了名，都改成了红色的名。一夜之间，红彤彤的非常具有革命性的村庄就都诞生了。邻近的红旗公社，几个大队分别就叫红岩、红专、红良、红星、红碑、红河、红花、红叶。芦溪公社，也就是现在的芦溪乡，共有七个大队，当时的公社革命委员会改的名字是兴无、灭资、坚决、解放、和平、团结、友谊。而在这七个大队中，解放大队的人最积极最激进。由于饥饿难忍，蒋爱军的刚满八岁的三哥曾偷偷地摘了生产队的，也就是集体的几个胡豆角吃，被当场抓住，就这样被当成"破坏革命生产""破坏社会主义国家"的典型抓来批斗。八岁的蒋爱党，被推上审判台，不但不悔改，还只是闹着找妈妈，一滴悔恨的眼泪都不流，被认定为属于十二分顽固的那类坏人。

并且，有人口中念念有词，把蒋家人的姓名一串联起来，就发现了一个惊天秘密：蒋余明一家有五个人与国民党反动派头子蒋介石都同姓一个"蒋"，而且，爱军三个哥哥分别叫"蒋爱国""蒋爱民""蒋爱党"，合起来就是"爱国—民—党"，这是一个天大的暗号！这难道不是反革命，不是别有用心，还能是别的什么吗！罪证凿凿，不容蒋余明辩白！真的，有时，你能听见空气的笑声，空气污染和污染空气，真的是人干的。

最终，爱军三个哥哥被定性为"反革命"，成了"蒋介石的狗崽子"，在毫无人性的批斗中，相继被折磨死去。事后有人悄悄评论，丧良心啊，不会有好报的。那么小的孩子，知道反党，反社会主义？

蒋余明，一个愚昧自矜的农民，为了向新社会表示自己的感激和忠心，却不懂得政治的风云诡谲，反而被那想象力极其丰富且善于弄巧的人曲解利用，竟给自己一家人招来了灾祸！这是他万万没有料到的。蒋余明这个硬汉"啪啪啪"地连连拍打自己的脑袋："你这个猪脑壳啊，是你害了自己的儿子啊！"因为完成了政治任务，表现突出，那个出谋划策的人受到表彰，并且荣升为大队民兵连长。这个踏着别人家三个小娃娃尸体晋升起来的大队民兵连长，怎么看，都像个刽子手。

有个班委立即冒了一句，一将功成万骨枯。

另一个班委说，高源老师说过，个人的野心膨胀起来，就可能演变为迷信，演变成灾难。

当李喜弟听到这里时，心中"咯噔"一下，产生了一个疑问：这个"大队民兵连长"是不是就是自己的父亲？他和蒋连梅同住一个生产队，队里就只有父亲当过大队的民兵连长！他感到脑子有些懵，如果是父亲，那么他为什么要那样做呢？他悄悄地看了一下班长，发觉班长没注意他。幸好也没有人追问，他心里暂时缓了一口气，但心里也认为，这个害了三条娃娃性命的民兵连长，是真正有罪的人。

大家听班长继续叙说道，屋漏偏遭连夜雨。不久，爱军的妈妈摔了一跤，这位本来就有着连连丧子之痛的母亲偏偏中了风，竟然瘫痪在床。自从爱军懂事后，就成天围着母亲转，帮助父亲给母亲端药送水，接屎倒尿。她多想跟邻居的小伙伴一样背着书包到学校读书啊，可这个梦在她十三岁时才遂了愿。十三岁那年，爱军的母亲含恨离世。

蒋余明亲自将女儿送到解放小学读一年级，看着被家庭拖累的女儿，他拉着老师的手老泪纵横，哽咽着说："请老师好好教育我的女儿啊，我就是吃了没有文化的亏啊！请老师给我的女儿取个保平安的名字吧！"自此，蒋爱军便改名叫"蒋莲梅"，其寓意也很明显：像莲梅一样经受恶劣条件的考验，顽强地生长。

江玉春回家去看蒋莲梅时，莲梅已从婆家回来，她说，等大家忙完一周后，到周末再来看老师和同学们。

听完班长的叙述，大家心里都像灌了铅似的，脑子里，老是挥不去蒋莲梅可怜而又无可奈何的影子，更忘不掉与她相处的难忘时光……

初一下学期的一天，班委干部在花园里开完会后，刚回到教室，就看见围了一圈人。蒋莲梅将漆连仁按在地上打，边打还边喊道："叫你甩，叫你甩！"江玉春急忙把蒋莲梅拉开，何明遐将漆连仁从地上拉起来。

"都是同学，有什么不能好好说的。"江玉春将还想扑过去打人的蒋莲梅隔开了。

"班长，你问问他！"蒋莲梅涨红了脸，指着漆连仁对江玉春说道。

"我不对，我错了！"漆连仁自知理亏，弯下身子连连道歉。

原来，漆连仁数学考差了，被戴老师训了一顿。他回到教室，经过蒋莲梅的课桌，发现蒋莲梅也没考及格，便将怨气撒在蒋莲梅头上："戴老师太偏心了，包庇女生。你比我笨嘛，怎么不说你，偏偏说我！你再努力也没用！"说完，竟然抓起蒋莲梅的数学书给扔在地上。

蒋莲梅顿时一反常态，猛地站起来，一掌将漆连仁推倒在地，还打将起来。

"莲梅姐，你也有点儿冲动。"江玉春第一次看见蒋莲梅发火，心里有些惊诧。她将地上的书拾起，递给蒋莲梅。

蒋莲梅从班长手里接过书，默不作声。

"你不懂得尊重女生吗？她又没惹你，你凭啥子把人家的书给甩了？遭打也是活该！"何明遐教训漆连仁道。

"算了，大家都散了吧。以后，不管遇到什么事情，彼此都应该冷静一点。"江玉春向围着的同学挥了挥手。

"班长，我也做得不对。"这时，蒋莲梅表了态。又转身对漆连仁说道："漆同学，我给你揉揉！"

漆连仁不好意思地摆摆手："算了，算了！"

大家的脸上露出了笑意，各自回到了座位。

"我来搬桌子！"蒋莲梅的力气好像比班上许多同学都要大。在举行文娱活动时，她主动和几个力气大的男同学把桌子很快地挪成一个圈。

春天的芦溪河，别有一番景致。一簇簇芦苇吐出了片片新绿，蜿蜒地伸展在沿河的两岸，把这里的梦想带向远方。河水清澈见底，朝阳映在水中，不时地泛出耀眼的光芒。

早晨，初一·一班的一二十个学生稀稀疏疏地坐在河边，认真地看着书。

早自习下课铃声响了。坐在一起的江玉春、蒋莲梅、胡云秋三人合拢书本，站了起来。树的倒影在几只鸭子的游弋中婆娑起舞。一条渔船从眼前荡过，竟引发了胡云秋的歌喉，她用一枝树丫在河水中轻轻地划着，好似在击打节拍，她唱起了高源作词作曲的《芦溪河畔的歌声》，周围的同学也跟着唱了起来：

```
3  3  5 | 6532  3 - | 6  6  2 | 3265  6 - |
```
我 生 在 河 边，我 喜 爱 白 帆，
秀丽的 芦溪河，神奇的 九龙 山，
清清的 河 水，青青的 山 峦，

```
6  1  6535 | 1 1 6·1  23 | 7657  6 - | 6030 56 | i6 - |
```
河 水 伴 我 度 过 了 童 年。啊
师 长 关 爱 温 暖 我 心 间。啊
亲 人 情 谊 说 呀 说 不 完。啊

```
7  6  7  63 653 | 2·3  765 | 6  6 5 61 | 20  3  3  5 | 6532 |
```
清清的 河 水，你 可 留 恋 你 可 留 恋，伙伴们 一
亲爱的 同 学，挥 动 我 的 笔 挥 动 你 的 笔，把青春 誓
清清的 河 水，愿 你 永 向 前 愿 你 永 向 前，让 我们 一

```
1  1 6  5621 | 6  566  6 03 | i  7 | 6-0: ‖
```
起 把 波 浪 掀，把 波 浪 掀？
言 写 在 蓝 天，写 在 蓝 天。
起 建 设 家 园，建 设 家 园。

"莲梅姐，你下学期成绩打算提高多少名?""提高三名吧。""哎呀，莲梅姐，是不是太少了?"胡云秋声调一下提高了许多。"秋秋，不要这么说嘛！我们的班训说得好：'战胜困难，赶超第一'。一名一名地赶，赶上了，再一名一名地超。莲梅姐这样做，脚踏实地，不好高骛远，就很好！"江玉春这么说，既维护了蒋莲梅的自尊，又显得诚恳。"谢谢班长！同学们都很攒劲，提高一名也不容易，那我就争取多提高点。我呢，就赶超班里在我前面的同学！你们呢，因为成绩好，就赶超年级前面的同学吧！""哟，班长，你看，你一'飘扬'她，她就给我们两个下达任务了！""唉，谁叫她是我们的好姐姐呢！"三个女孩子对望一下，都乐了。嬉闹一阵，她们哼着歌儿向教室走去……

这学期结束时，蒋莲梅从班上第四十名提高到三十五名，她

获得了班上设立的"进步奖",奖品是一个作业本。这个已失去纯真活泼、性格显得有几分老成的女孩子,快步走向讲台,双手从班主任手里接过一个盖了条形班章的奖品,她站在高源的面前深深地鞠了一躬:"高老师,谢谢您!"

……

短暂的沉默后,大家讨论一会儿,做出一个决定:用班费给蒋莲梅买件礼物做纪念,要尊重莲梅同学的选择,不要再谈论此事,大家要集中精力搞好学习。

高源针对蒋莲梅事件,对全班做了心理辅导,他说:"希望大家不要去扛历史留下的包袱,只暂时对自己的行为负责,暂时对眼下的现阶段的行为负责。这比如打仗,不能因为有战友在冲锋中倒下牺牲,我们就忘了冲锋,就忘了去夺取胜利,就全部停下来哭泣,这是坚决不行的。倒下的同志,他已完成了他自己的冲锋任务,而还活着的人,必须更加奋勇地去冲锋。争取胜利,是冲锋的全部意义。同学们,战斗减员是正常的,或者讲是难以避免的。真正的战争是这样,而人生,也是一场旷日持久的战争。我要求全班同学,不管在学习的道路上遇到多少困难,付出多大的代价,都要奋勇前进。"

那天,高源的讲话就像惊雷,引发了一场大大的暴雨。这场暴雨成功地将蒋莲梅走后,留在班上的伤,和挥之不去的想流泪的泪意,彻底地冲刷干净。那长达几分钟的暴风雨般掌声,把同学们的小手掌都拍红了,大部分同学,两眼都挂着晶莹的泪线。

我们是芦溪河的儿女,为了祖国灿烂的明天,胸怀飞翔梦想,相聚在九龙山下。没有龙怕风,没有凤怕雨,穿越惊雷闪电,像雄鹰一样去战胜困难!

我们是八六级一班……

昂扬激越的班歌在教室里回荡,下午第三节课,八六级一班的班会开始了。

　　"同学们，从本学期开始，我们就是初三的学生了！初三初三，是人生的一座高山。我们全班同学要好好珍惜这段人生的黄金岁月，好好把握机遇，成功翻越这座山岭，在学业上画上一个比较完美的分号。希望在明年毕业的时刻，纵情歌唱《毕业歌》。"大家唱完班歌，班长江玉春站在讲台上，主持本学期的第一节班会，"今天这节班会有三个环节，与原来一样：第一个是每周一歌，第二个是每周一名言，第三个是班主任心声。"

　　"每周一歌"是班会的一个固定内容，深受同学们喜爱。歌曲可以是教师创作的，可以是影视歌曲，也可以是其他流行歌曲。歌曲大多旋律优美，歌词通俗易懂，情调高雅，积极向上。今天，选的歌曲叫《金梭和银梭》，是由张晓天和贾先和等几个同学商议推荐，经过文娱委员胡云秋确定的。

　　同学们演唱完后，高源进行了点评：这首由李幼容作词、金凤浩和马靖华作曲，并由著名歌唱家朱逢博首次演唱的《金梭和银梭》，旋律优美，表达出对青春的赞美之情，又委婉地劝诫青少年要好好珍惜青春这美好的日子，富有哲理。下来，再由胡云秋组织大家练唱，若还有什么困难，可以请音乐老师教唱。

　　第二个环节开始时，只见体育委员李喜弟和张晓天抬了一箩筐稻谷从教室后面走上讲台，谢红茬用一支红色的粉笔在黑板上流利地书写道：

　　　每周名言：

　　接着，又换了支白色的粉笔写道：

　　　空口袋难以直立。——富兰克林（美国科学家）

　　又见副班长何明遐提了两条口袋从座位上走出来，他疾步走上讲台后，转身面向大家，说："今天我带来了两条口袋，一条麻布口袋，一条小型的塑料口袋。下面，我们给大家做个实验：先向这两条口袋灌风加气。"只见李喜弟用给篮球加气的气枪使劲地给麻布口袋打气，口袋也没能够鼓胀起来。张晓天使出浑身之力向塑料口袋吹气，一会儿就装满了，何明遐赶紧用一条棉带将口袋扎紧。"立——立——立，起——起——起!"何明遐用斑竹做的教竿指着两条口袋，口中念念有词。结果，布口袋依然软塌塌地瘫在地上一动也不动，塑料袋鼓着浑圆的肚子躺在地上也起不来。"唉——"何明遐两手一摊，扮了个鬼脸，把大家逗乐了。"徒弟们，快想想办法!"李喜弟和张晓天得令后，迅速来到"师傅"何明遐面前，先松开塑料口袋往里面装谷子，很快就满了;接着，一人打开麻布口袋，另一人从箩筐中捧出谷粒装进布口袋中。不一会儿，也将布口袋装满了，看样子，有七八十斤。盛满东西的口袋，一个像茁壮的小孩，一个像结实的壮汉，都稳稳当当地站立着。

"好了，我们的实验到此结束。表达的中心思想就是:空口袋难以直立。这个实验法是我向高老师学习的，请大家指正!"

把深刻的哲理用简单的实验形象地演示出来，真是太妙了!高源知道，何明遐说的是他在以前教学《死海不死》这篇文章时用过的实验法，他的脑海中闪现出那节课的一个场景:

为了说明水中盐度产生浮力这个科学原理，高源从实验室借来两个透明的玻璃缸放在讲桌上。他先向两个缸倒进清水，再将带来的两个鸡蛋放入水里，鸡蛋沉入缸底。接下来，他不停地向其中一个水缸加盐并不断地用一根筷子搅拌。渐渐地，鸡蛋浮了起来。通过这个实验，学生很快地理解了为什么人在死海中沉不下去的原因——盐分多，密度大。竟没想到学生掌握了这个实验法，并能把它运用到实践中。想到这里，高源会心地笑了。

谢红茬接着谈心得体会:"这句名言用了一个比喻修辞手法。借'空口袋'来比方腹中空空、不学无术的人，意思是说胸无点墨的人很难在社会上立足，启迪我们要抓紧时光好好学习，只有用知识来充实自己，才能不断地前行，才能实现人生的价值。"

她的话音刚落，高源带头鼓起掌来。

在班会的第三个环节里，高源环视了全班学生，庄重地说道："初三岁月的第一天开始了！我代表全班老师向在座各位同学表示祝贺！祝贺大家步入人生又一个重要阶段！只要你们好好珍惜这初三的每一分每一秒，那么你们的人生就定会有一个美好的回忆。这里顺便说一事，昨天我和班委干部商量了一下，有个决定向大家宣布：以前每学期搞的勤工俭学活动——养兔，本学年不搞了，大家要集中精力进行初中阶段的最后冲刺。本周星期天，班长、劳动委员和两位同学一起去把兔子提到市场去卖。另外，对以前增加的练习内容做一些调整，一周练习写三篇钢笔字改为写一篇，内容还是抄写重点字词句、定理定律、名言警句等；每天写一则日记改为一周写一篇日记或周记，内容是总结学习上和心理上的得与失，或者是写一件难忘的事情。

"今天，在这儿，还要给大家介绍：本学期我们班来了九位新同学，其中一位是从星光厂子弟校转学来的鲁媛媛，另外八位是上一届的学哥学姐。我要强调的是：这些补习的学哥学姐，他们的目标很明确，那就是考中专、中师或重点高中，他们在许多方面值得我们在座的各位同学学习。对这些新同学，我们欢迎他们成为我们班的一员！"高源说完，教室里响起了热烈的掌声。

掌声过后，高源说道："今天班会课的前面两个环节，同学们选题都很好，很切实际！在我们这个社会，改变命运的因素很多，但是，知识是其中很重要的因素。前一段时间，社会上有的角落里又刮起一股新的'读书无用论'。大家要用心思考，不要轻信！读书真的无用吗？最近，《人民日报》刊载了一篇涉及读书的评论。我们来听一听评论中引用一个记者对一个百万富翁的采访片段：

　　　　你最满意的事是什么？——我每个月挣的钱比国家
主席还要多，因为国家主席的月工资是四百多元。你最遗憾的事是什么？——读的书比小学生还少！最大的愿望是什么？——托关系找熟人千方百计都要供娃娃上大学。

事实上，这个富翁所说的话，对他来说是言为心声的。"

高源稍做停顿，神情凝重地看着大家："接着要告诉大家的还有一件事，那就是蒋莲梅同学辍学了。蒋莲梅辍学的原因，班干部可能已经知道一些，对此事我感到很难过，也尊重她的决定。同学们，蒋莲梅以前的家境很悲惨，我们憎恨那个给她家以及许多人带来痛苦及不幸的动乱年代。如果没有那个疯狂的岁月，或许她早该高中毕业甚至是大学毕业了。面对苦难，她没有怨天尤人，而是很孝顺，很坚强，很乐观，很爱学习。这些都值得你们，也值得我学习。尽管她的基础差，她的理解力不强，但是她对知识的渴求，对新思想的接受，始终不懈，而且还一直在进步着。在这两年的学习时间里，她对班集体的建设做出了贡献，这一切，大家有目共睹。对这位大龄同学，大家也是敬重的。我相信，她这两年的刻苦努力，也将会成为她以后人生的一笔可贵财富。

"蒋莲梅一家的悲剧警醒着我们：在这个世界上，除了国家需要有一个健康的机制，一个人追求思想灵魂的独立与自由是多么的可贵！而要有正确的观点，就离不开用知识来武装头脑，做到会思考，会判断，不盲从，不散漫，有追求，有主见。同学们，在以后的日子里，我建议大家做什么事情都要养成一种思维习惯：想，往最坏处想；努力，朝最好的方面努力。我们在学习和生活中难免会遇到很多事情，只要我们首先把事情的最坏结果想到，那么，不管出现什么样的结果都是在我们预料之中可以把控的。那我们就会有更多的机会将需要做的事做得更完美。比如，我们在骑车时，可以先想到，如果我们不遵守交通规则，就可能发生车祸。于是，我们不仅要骑得稳，还要骑得快，还可以观赏沿路的风景，且还锻炼了体质，可谓一举多得。其他事情如此，学习也一样。"高源讲着讲着，瞥了手腕上的表一眼，"快要下课了，让我们一起祝愿蒋莲梅今后的人生美好幸福！"全班响起热烈的掌声。

第二天中午，班委干部从供销社带回全班同学给蒋莲梅买的礼物：一幅粉红色的丝绢被面，一盏贴花玻璃底座、丝绸灯罩的台灯。另外，有几个平时与蒋莲梅关系要好的同学还凑钱买了两个笔记本。李喜弟随的礼最重，他回家提起蒋莲梅辍学出嫁的事后，不知为何，他母亲拿出两张大团结用红纸包好，作为礼金，叫儿子一定要交给蒋莲梅。对此，李喜弟十分高兴。

高源用一张红纸折了一个小包，装了一张大团结作为礼金，写上一句祝福的话，连同写给蒋莲梅的歌《阴天哪有晴天多》，一起装进一个信封，托江玉春交给蒋莲梅。

第二天下午放学，胡云秋和李喜弟收拾好大家给蒋莲梅的礼物，就同班长一同出发了。

2.

幸 运

　　赵琼副校长失恋的心事，从体内蹿出来，爬到了两只美丽的眼睛下方，像传说中的黑眼圈。一条街上长大的恋人，两小无猜长大的恋人，为了所谓的家庭门户，闹崩了。物质世界的怪圈，真是人人难以逃脱。

　　画家定义对高源说，物质世界，物质是第一位的，高于物质的追求是第二位的。比如我画画，在画之前，我脑子里是有那幅画的，但它还是高于物质的，我必须把它画在宣纸上，变成物质的东西，才能卖到钱。物质是物质世界交换的凭据，没有物质的东西，就不好交换了。高源听到这种说法，身上像被虫子咬了一口，刺痛刺痛的。定义老师又说，中国出不了毕加索那样的对爱情充满渴望的画家，有些人面对爱情，想到的却是荣誉。比如，对方父母的社会地位，对方家族的势力，对方家庭的经济实力，这就十分的滑稽了。玉并不重要，包装玉的盒子很重要。这就是有些人的爱情悲伤。高源想，定义老师果真厉害，真是不虚此行。每每遇到难题，高源喜欢到画家这里来坐坐。再喝一口茶，高源辞别定义老师。

　　转眼之间便到周末。本学期，学校迎来了一件大喜事：自新

中国成立以来，全国教师要过第一个以"教师"命名的节日了！节前，所有的老师都没有领到一分钱，但都显得很兴奋，这种被国家尊重的感觉，让教师太有面子了。为了体现党和政府对教师的关怀，对知识的尊重，乡党委、乡政府准备召开一次庆祝会。

下午一点半，校长王德立组织召开了新学期第二次全校教职工大会，他在会上通报了一九八五年全县大中专录取新生的情况。他说："今年，全县中高考又创历史辉煌，大中专共录取了四百二十五人。但是，老师们，我们对此项工作做的贡献很不够。虽然去年我们学校考了一个中师生，但今年却连一个中师中专都没考上。如果这样下去，老百姓会在背后戳我们的脊梁骨的。这学期，我们这一届初三有很多好苗子，初三的教师要满怀信心，苦干加巧干，争取明年打响！其他年级老师也要切实为以后的初三教学质量奠定好基础。全国教育工作会议已召开了三个多月，会议通过的《中共中央关于教育体制改革的决定》，正是党和国家尊重知识、尊重人才的具体体现，也是我们今后教育改革的指南针。我们要牢记邓小平同志的讲话——我们国家，国力的强弱，经济发展后劲的大小，越来越取决于劳动者的素质，取决于知识分子的数量和质量。一个十多亿人口的大国，教育搞上去了，人才资源的巨大优势是任何国家比不了的。在新的形势下，我们教育人要增强使命感和自豪感，希望在这新的一学年里，努力将我们学校的教育教学质量大幅度地提升。

"今天会议的主题是讨论庆祝教师节的事宜。下周星期二就是全国第一个教师的节日，各级党委政府都安排了庆祝活动，我们学校的干部教师更要搞好自己的节日庆祝活动。下面，由贾成功主任宣布教师节的有关事项。"

贾成功是外地人，其父与县里的副县长吴为曾是战友，原本可以分配到县城某校的，但其父怕他心生骄傲，历练不够，不利于将来发展。吴为对此表示赞同：战友有眼光，那就让他先下去锻炼锻炼吧。于是他被分配到较为偏远的芦溪乡。他头脑灵活，与校长走得近，工作也比较努力。两年后，王德立校长按照中央提出干部要"三化"的指示，提拔贾成功为学校教导处主任，同时也在培养他入党。

贾成功将学校行政决议公布给大家讨论，大家同意学校也召开一个庆祝会。庆祝会的议程由学校团总支安排，副校长赵琼负责庆祝会协调工作。团总支书记高源接受了任务，会后就开始布置相关工作。

下午放学时，蒋莲梅来到班上。新娘子面带笑容，光彩照人。突然丰满的双乳让男同学眼睛受伤，不敢正眼相看。她提了两包喜糖到班上，感谢大家过去对她的关心帮助，感谢大家对她婚姻的祝福。同学们吃着喜糖，又重新端详了莲梅一番，纷纷说着暖心的话语。江玉春和胡云秋几个女同学禁不住上前拉着蒋莲梅的手，刚叫出"莲梅姐"三个字时，竟哽咽起来。倒是蒋莲梅反过来劝慰大家："好好读书，我真羡慕你们！我错过了学习的最好时机，虽然不能继续在学校读书了，但在家里照常可以学习啊。我以后遇到不懂的问题时，也可以再向老师和大家请教啊！我会坚持读书，坚持写日记，希望在某一个方面，继续前进。"

一会儿，高源来到教室。蒋莲梅恭恭敬敬地向高源鞠了一躬："高老师，我提前祝您节日快乐！"说完，又将带来的崭新的笔记本双手递给了高源："感谢您！老师！""祝福你莲梅！"师生相聚，彼此道不尽心中的挂念。

蒋莲梅离开学校前，将高源写给她的歌曲哼唱了一遍，有几个同学也噙着泪和唱着。歌曲唱罢，蒋莲梅一步一回头地走了。高源和学生们的心中涌起了一种别样的情愫，耳畔再次响起了刚才蒋莲梅和大家的歌声：

　　你就要走向新的生活，

我为你唱歌：
祝你永远快乐！
永远快乐！

生活中有晴又有阴，
阴天哪有晴天多！
生活中有喜也有愁，
欢乐总比忧伤多。

希望有一天，
让我和你同唱一支歌：
一支奋斗的歌，
一支幸福的歌。

星期天上午，高源骑车到山河乡街上去挑了五斤苹果，买了一瓶酒。然后返回学校，带上礼物去拜访邓祥明老师。高源给自己规定的做人守则之一，便是再忙也要安排时间去看望老师。邓老师是自己的一位恩师，当年他教过自己的初中化学。邓老师专科毕业，学识渊博，教学技艺精湛。上课从不带书本，所有知识装在脑中，不管什么内容都能娓娓道来，且分毫不差。上第一节课时，高源就被其学识与风采所吸引。后来，得知邓老师家住在风景如画的芦溪乡时，就产生了将来一定要到邓老师家乡去看看的念头。中师毕业征求分配志愿时，他不假思索地就填了芦溪乡。他要做一个像邓老师那样学识丰富、关爱学生的人，还要为老师的家乡教育发展出点力，以报答老师当年对自己的教育之恩……

邓老师感谢高源经常来看望他。老人家把自己教书育人几十年的一些绝招，毫无保留地传授给高源，希望高源在教学的路上走得更远。高源每当想到邓老师为他引见编辑老师，推荐他的作品在报刊发表，心里就激动，就甜蜜。还有邓老师做人的骨气，也像明灯照亮着自己的人生道路。曾经有一次，一个在社会上有点势力的人要他违规开绿灯，他不从，对方动用了地痞势力威胁他。邓老师说，不要拿死来威胁我，我只对我活着的时候负责。我知道人心变黑很厉害，但我也知道作为人，善良、正直更重要。让我向恶人下跪，没门。《老子》说，若民恒且不畏死，奈何以杀惧之也。邪恶势力是暴力与无知的产物。邪恶势力是专政机关管的，不是我一个人民教师能管的。你们要咋的咋的，我有我一个人民教师的尊严。

晚上，高源在学校大门口的小卖部取了两封信。回到寝室，拆开一看，哟，原来是在学校毕业后的学生寄来的。自己刚到学校那一年，教过毕业班的"法律常识"。现在这两个学生正念高二，他们说，感谢老师当年的鼓励，让自己有了奋斗的目标，并附上印有"师恩难忘"的贺卡。看完信，高源觉得难以平静，立即找出自己在邮局买的明信片，选出两张，提笔写道：

我生有幸君祝福，

愿君有成今胜故。

他日观景步天下，

满眼风光花簇簇。

想到第一个教师节的到来，实在不易。高源躺在床上辗转反侧，联想到自己从小学到中学，从中师到函授大专，一个个老师的形象清晰地浮现在自己的脑海。这些恩师，在反右、"四清"运动和"文化大革命"中，他们都成了"运动员"——历次运动中挨批的一员，或多或少都受到冲击，受了一些委屈，可是他们在清贫困苦的日子里，对组织的信任，对生活的热爱，对知识的尊重，对学生的呵护却一点没有更改。没有他们的指点，自己便不会产生旺盛的求知欲望和明晰的人生追求目标；没有他们的关爱，自己便不会产生为了人生理想而奋斗的力量；没有他们的付出，自己便不会拥有今天这样一个舒心的工作。与这些老师相遇，是自己一生最大的幸运！他们是自己一生的良师益友。在自己最苦闷最无助最自卑时，他们给了自己追求幸福的勇气，点燃了自己心中的梦想火花！

这些可亲可敬的老师，一个个微笑着向自己走来……猛然间，他似乎看到了他的启蒙老师银老师。银老师是自己所读村小中唯一的公办教师，曾因家庭成分是地主，又有不少亲戚定居在海外，因此屡遭批斗，可这位白发苍苍的老先生，却对教育痴心不改，严谨教学，扎根落后的小山村，一待就是一辈子。妻儿五人均在农村，尽管生活困难却从未向领导和集体提出过任何要求。在他退休后，还支持儿子去当一名代课教师……他心底感情的潮水不断地翻滚着，他心里有多少话语想对恩师们倾诉，他觉得自己的眼眶有些潮湿了。此时此刻，恍惚间，他似乎看到了一个个、一群群教师走向城市，走向农村，奔赴祖国的四面八方……他的睡意顿消，轻轻地下了床，向办公室走去。

他从抽屉中翻出一张白纸，想起那天蒋莲梅送给自己节日礼物时说过的那句话，定了一下神，对，就用那句话做标题！马上在纸上奋笔疾书：

感谢您——老师

在我的心中，

有三个滚烫的字：

感——谢——您！

这是因为

您给了我一副健全的头脑！

我深深地知道：

一副健全的头脑

比一副健全的身体更重要。

我感谢您，
是因为您给了我一把万能钥匙！
有了它，
便可以把茫茫宇宙的宝藏获取。

自从认识了您，
每天我都渴望来到学校！
因为我渴望着，
渴望着在您的教诲中成长！
渴望探明存在的奥秘，
渴望手握创造的神器。

长大了，
我才懂得您的为人：
您只播种欢笑，
只播种阳光下的生命，
从不为自己的失意不平，
疾病和清贫呻吟。

几十年过去了，
您依然没有减轻一点辛劳；
您为了别人的成长和幸福，
却把自己的健康和悠闲忘掉……
你的信念就像农民手上的老茧，
在你身上，只有付出，
才带来生机盎然。

曾有一位处在昏迷中的老师，

他用最后的呢语，
劝导儿子：
让孙子也去从教……
辈辈代代当老师哪点儿不好？
啊，您不是明星，
却映照出满天的明星璀璨！
您不是名家，
却为一个地方，
为华夏大地，
培育了名人大家无数！

您不仅仅是一支小小的蜡烛，
您不仅仅是一架普通的人梯，
确切地说，
您是培养时代伟人的伟人！

任何时代都不能没有您，
任何社会都需要您！
老师，我们感谢您！
老师，我们永远祝福您！

　　他反复吟诵两遍，把第一节的"一副健全的头脑比一副健全的身体更重要"里的第二个"健全"改成了"健壮"；把最后一节的前两句改成："任何时代都不能没有您的影子，任何社会都需要您的奉献与赤忱！"

　　高源舒心地伸伸手臂，把笔一放，向寝室走去。他想：后天的教师节就让胡云秋去朗诵，她善于把控感情，且音质很好，适合承担这个节目。

9 月 10 日　星期二　晴

　　今天是新中国第一个教师节，各地都举办了庆祝活动，我们学校所在地芦溪乡也隆重地进行了庆祝。我想，那位叫孔子的圣人，今天，也应该是十分高兴的。因为尊师重教的复礼，又让泱泱华夏孕育新的希望了。学生、团委给每个教师赠送了纪念品，乡政府也买了小小的礼物庆贺。县、区、乡都表彰了一批优秀教师，我也有幸获得了县委县政府的记功奖励。王校长从县里帮我领回了一个奖品保温杯和奖励证书。另外，让人感到惊讶和高兴的事情是学校的一个叫袁德强的校友，在这个特别的日子里，给学校赠送并安装了一部电话，听后勤方老师说大概要花费三千元。

　　我坚信：芦溪中学有人才，无论老师还是学生。在这个节日里，我作为一名人民教师，我深感荣幸。决心在自己的岗位上努力工作，不负人民、弟子的期望，争取为全县的教育发展多做点贡献。

　　一个年仅二十一岁的教师，在他从教三年的日子里，就迎来了自己的节日，真是幸运。在这个不平凡的日子里，高源在日记本里郑重地勾画出了心中下一步奋斗的蓝图。他看到一棵树，在蓝图上茁壮地成长起来，大有参天之势。

　　转眼又是星期天。下午三点过，手里捏着报纸的江玉春快步向学校走来。"不知高老师今天在不在？求求菩萨保佑：高老师，您千万千万要在啊！"

　　江玉春刚从桥上下来走到操场，她眼睛一亮：那不是高老师的妹妹高迎辉吗？

　　高迎辉正在河边背英语单词，哥哥在学校复习他的大学函授课程，本周没有回家，所以，她也留了下来。

"小妹，高老师在吗？"江玉春急切地问道。

"啊，是玉春姐。你该叫我'师姑'的！"高迎辉嘻嘻一笑，显得有点儿调皮。

"叫你'师姑'？小小年纪，不害臊！"江玉春走到高迎辉面前，用手指着她说。

"什么年纪小？你难道不懂'师道尊严'吗？可不能乱了辈分！嘻嘻嘻……"

"真是贫嘴，我不跟你开玩笑了。我真的有急事！"

"玉春姐，你去吧，我哥在办公室。"高迎辉看着跺着脚的江玉春，停住了笑，把手往前方一指。

"谢谢哈！"江玉春心中悬着的石头落了地，从操场径直来到学校教师办公室。

"报告。""请进！"高源正在办公室复习，抬头一看，来人是江玉春。只见她满脸焦虑，今天又是星期天，猜想她可能遇到什么事了。高源起身先给她倒了半杯水，然后说道："玉春，先坐下。有事慢慢说。"

"谢谢高老师！"江玉春接过高源递过来的杯子，抿了一口。然后对高源说："我们生产队的繁卫东自杀喝药了。"

"繁卫东"——这个名字，高源是熟悉的，上一届毕业班的优等生，听说他已考上县里的重点高中。"快告诉我，怎么回事？"高源焦急地问道。

原来，繁卫东家境贫困，他还有一个妹妹在读小学，大哥在家务农。他刚收到县第二中学录取通知书时，十分兴奋。可他的父亲繁发银反对他去读高中，理由是如果三年高中下来，贷点账且不说，如果考不上中专或大学，跳不出"农（龙）门"，就没有什么盼头。在这种情形下，繁卫东退了一步，说想要返回初中学校复读，力争考上中专。因为中专与中师一样，学生均免交学费，并且，在毕业时由国家统一分配就业。对他想复读的事，他的哥哥不同意。哥哥想要弟弟同他一起务农，这样一来，家里的农活也很容易干完。还说，读书的机会就留给妹妹算了。为了能够继续到学校读书，繁卫东向家里写了复读"保证书"，表示一定要考上中专，不会白花家里的钱。

尽管如此，他兄长也嘲笑他是做白日梦。母亲宋明芳倒是支持他："繁老汉，就让卫东去补读吧，他的成绩还算可以。"

"你这个婆娘，你晓得啥子哟！那么多人都想考起，结果究竟考上了几个？楼上楼下，电灯电话；敲钟吃饭，盖章拿钱。——哪个不想去端国家饭碗？你以为别人都是傻的哦！"繁发银将婆娘一阵猛训，死活不同意小儿子去补习。"再说，你是个病砣砣，药罐罐，一年不知要糟蹋家里多少钱呀，哪还有多余的钱供他再去读书。何况家里现在还有一个幺女在读书，也要钱。我们已供他到初中毕业，他自己考不上好学校，也怪不着谁。他现在也长了个子，可以回来干活了。"

"唉，命苦哇！"宋明芳叹了口气，弯着腰，扶着泥墙走开了。

开学两天后，县第二中学发现繁卫东没报名，便派教师来家访。繁发银说学校不能保证他娃娃读高中脱农（龙）袍，那读那么多书还有什么用！我一天书也没读过，不也照常过日子吗？就这样，繁卫东在家白天跟着哥哥去干农活，晚上郁闷失眠，煎熬了十多天，人越来越飘浮。今天早上，繁卫东想到将一直这样过着"面朝黄土背朝天，背着太阳过西山"的日子，读书无望，自己心中的梦想也就破灭了！没有价值的人生，长了，反而更加痛苦，不如让一切到此结束了吧。他真是欲哭无泪，绝望中悄悄拿起家里的半瓶乐果，喝了两口，顿觉天旋地转……幸而他的小妹闻到一股农药气味，赶紧告诉了大人，送他到乡卫生院，及时抢救，算是捡了一条命。

这一天，江玉春来找高源，希望班主任能去说服繁卫东家人，帮帮繁卫东实现到学校来复读的愿望。

听江玉春说完，高源心里沉甸甸的：贫困、无知，是幸福的绊脚石。不搬走它们，人们还能过上好日子吗？一股热血涌上来，他一定要尽自己的绵薄之力，帮一帮愿意求学、渴望上进的人。

"江玉春，你带路。马上去繁卫东家！"但转念一想，又说道："不着急，你再介绍一下有关繁卫东家的情况。"

繁卫东家在他小学快毕业的五月发生过一件大事：他生日那天，其母煮了一个鸡蛋给他吃，不料被婶婶看到了。婶婶到奶奶跟前告状说："不得了啦！你的大儿媳妇经常背着我们把一大家子的东西偷拿去用，你该管一管啊！说不定这个家迟早会败在她的手里。"其母遭到奶奶的一顿臭骂："你这个贼婆娘，偷了我的蛋哟，气死人了哟……"宋明芳不服气，顶撞了婆婆几句，引得婆婆跟她大吵大闹起来。当时，繁发银从外面回来，看见婆娘和老娘正在吵架，不分青红皂白抓起一条扁担重重地横扫在了宋明芳的腰上，宋明芳惨叫一声，一下子瘫在地上，这幕场景恰被繁卫东撞见了……宋明芳自此腰再也直不起来了，听医生说，怕是伤了神经，要治好得花很多钱。家里无钱医治，宋明芳因此落下了病根。物资匮乏的日子里，有的人精神也变得空虚。日常纠纷不断，心中隔阂增多，不久，繁发银与兄弟分了家。自那时起，繁卫东的心中就埋下了一个梦想：一定要摆脱贫穷，让母亲过上好日子；一定要当一名医生，治好母亲的病！

高源听罢，心中似乎多了块巨石。他暗自发誓：一定要想办法让繁卫东到自己班上来补习！

他又征询江玉春的意见："你对这件事有什么看法？"

"高老师，您是了解繁卫东的，您教过他班政治课。我觉得他的基础好，他的数学中考是满分，重要的是他的学习目标很明确，考上中专的希望比我们大。我希望他能到我们班上来，对大家还可以起到带动作用。"

"玉春，你分析得对。但不知他的家人会不会再反对？"高源心存一丝疑虑。

"高老师，您不是常鼓励我们'只要有百分之一的希望，就要尽百分之百的努力'吗？给繁卫东一次机会吧，如果您放弃了，他也许这一辈子就再没有到学校读书的机会了！我坚信您能够说服他家里人的！"

想不到自己的学生会用自己的话来开导自己，他决心去繁家，争取成功！高源想到自己也是从农家走出来的，深知农民的艰难，加上繁家的窘况，繁父的担忧也是可以理解的。但繁卫东的确是一个读书的苗子，自己教过他的政治，中考时他考了九十二分。这学期王校长来上政治，他也是老有经验的，政治再提高两三分应不成问题。如果再把语文和英语补一下，考上的希望很大。一个为了读书竟能豁出性命的人，就没有学不好的！不救这样的学生，今生良心不会安宁。

"好吧，我们准备出发！"高源感激地看了江玉春一眼，是学生帮他下定了这个决心。

他到河边跟小妹交代了几句，把寝室里放的二十个鸡蛋带着，骑上自行车就和江玉春往繁卫东家里赶。

翻过一个垭口，便是一条长长的下坡路。自行车快速地向前冲去。

突然，高源发现靠着山边的一个路口跑出了鸭子，几只鸭子摇摇摆摆地要横穿过去。

"玉春，准备下车！"高源大喊一声，使劲攥紧龙头刹车，车在鸭子身边停住了。

"嘎嘎嘎——"鸭子惊叫着扑腾跑开了。

江玉春在车停住的一瞬间从车后座顺势滑下，一个趔趄，左手提的装着鸡蛋的口袋触到地上。

自行车侧歪着倒向右方，高源也顺着车龙头撞在山边。他的右手碰到一块岩石，渗出血来。右脸擦出血痕，沾上不少泥土。

"高老师，没事吧？"江玉春跑过来看着高源问道。

"没什么。你看鸡蛋摔碎没有？"

江玉春这才走过去打开口袋："还好，只撞破了两个。"她环视四周，前面有条小溪，"高老师，我们去洗一下。"江玉春将手绢打湿，帮高源擦了擦脸上的泥土。

"谢谢！"高源洗完手，起身掏出手绢擦擦手，拍拍裤上的泥，"我们走吧。"

又过了一个缓坡，就到繁卫东的家了。高源抬头望去，繁卫东家处在一个半山腰，是土坯房，盖的是稻草，没有围墙。房屋背后的竹子稀稀疏疏的，好像还有点缺水，竹叶和竹枝都没精打采低垂着。

刚停车，高源就想起了在农村，丈母娘第一次带女儿跟着媒婆到男方家选婿的传闻——女方快走近男方家时就要观察男方的经济实力。男方收入的多少通常体现在两种物产：竹和谷。有句谚语说："内看竹，外看谷。"在乡下，竹和谷是用来换钱以保证家庭零敲碎打开销最直接最方便的东西。记得自己上高中时，母亲为了给自己凑学费，在稻谷未全熟时，就沿田边用撮箕接着，把稻穗尖上的黄谷抹下，晒干拿去卖。

家境困难的人家常常为了油盐酱醋柴把竹子砍去卖，于是林盘中的竹子自然就显得稀稀拉拉的。并且，田里的稻谷因为缺肥料、农药，或主人家不善管理，结的穗子就会少而不饱满。谷子产量低，不仅影响家里的花销，而且直接影响到全家生活水平。

到繁卫东家后，江玉春前去敲门。繁发银先出来，他认识高源。去年学校开初三家长会时，他去过小儿子班上。他一见高源来了，就赶忙走过来握住老师的手。江玉春又把班主任介绍给繁卫东的母亲。高源将鸡蛋交给宋明芳，宋明芳千恩万谢，把鸡蛋提进了屋里。

繁卫东还在里屋休养，他哥不在家，他小妹听说有人来了，躲在屋里没出来。

简单寒暄后，高源讲起了自己当年高考预选考试后的一段经历：有一次，开家长会，高父提着半袋米和家里腌制的几个大头菜到了学校。看到脸上布满倦容、两鬓斑白的父亲，温暖和悲凉交织在高源心里。家长会后，高源脑中冒出了一个念头：不读书了，回家干农活，帮助父母减轻一点辛劳！此后的两个星期里，他都有点魂不守舍，成绩不停下滑。有一天，细心的班主任了解到这一情况后，及时在班会上讲起了韩信年轻时的故事：韩信在穷困潦倒之际，常为一日三餐发愁。一个在河边帮人洗衣的婆婆接济他，每天都把自己碗里的饭分给他吃。韩信十分感动，发誓将来要好好报答婆婆，"滴水之恩，当以涌泉相报"。可是，洗衣婆婆却指点韩信：大丈夫立于乱世，不要拘泥于小恩小惠，当以社稷苍生为念……婆婆的话如醍醐灌顶，当时韩信就立志要驰骋天下，还百姓一个平安的世道……后来辅佐汉王，终成一代伟业。当时，这个故事就像一副清醒剂，让高源明白了自己奋斗的目标。他在日记中写道：不想读书是愚蠢的念头，必须立即刹车，免得滑向悬崖！况且，不想读书，帮助父母减轻负担是暂时的，长痛不如短痛。从此后，他重新振作起来，每天复习到晚上十二点睡觉，早晨五点半就起床锻炼、看书。终于取得了自己较为满意的高考成绩，被中等师范学校录取，离自己的奋斗目标又进了一步，让父母也减轻了心理压力和经济负担。

现身说法后，高源又分析了繁卫东补习的优势。

繁发银愁苦地说："高老师，哪个不想让自己的娃儿去奔前途呢？有时一分钱逼死英雄汉呀！娃娃都寻短见了，我这个当父亲的，真的无能啊。卫东去补习，补习费加学杂费至少四十几元，家里实在是拿不出来。这些年，我家经常向亲戚朋友借钱，现在借钱都不一定借得到了……"

这时，从里屋传出抽泣声，细听，便知是卫东妈妈发出的。高源想，我们的人民，什么时候，才能走出这么贫穷的困境啊！政府代表着社会的良心，可我们的政府，也不富啊！此时，高源的心被什么东西刺了一下，有点生痛。

高源马上保证：要想法免去繁卫东到校补习的一切费用。因为三元四角的学费可按减免比例政策规定（每个学校可减免百分之十五的贫困生的学费）给予解决；电费八角、讲义费四角、住校费一月一元也好解决，自己垫付都行；只是补习费三十五元是个不小的数目，一是要向王校长汇报看怎么办，二是征求全班同学的意见，争取能用一部分勤工俭学的费用垫支一部分。"拼一下还有希望，放弃了，就什么希望都没了。我真心欢迎繁卫东到我的班上来！"

江玉春也在旁拉着繁发银的手说："繁大伯，您就答应二哥到我们班上来吧！他的成绩比我好，还经常帮助我解难题呢！"

"爸爸，您就让二哥去读书吧！您如果不让他去，我也不去读书了。"这时，繁发银那一直躲在屋里的小女儿听到高源的谈话后很是感动，她禁不住走出来，向高源打过招呼，向父亲请求。

其实，高源的话早已打动了繁发银的心，经过儿子这么一折腾，他也是心有余悸，怕儿子再做傻事。他先对女儿嚷道："去去去，你二哥读书的事我晓得！"然后，看了高源和江玉春一眼，说道："我也不是那种死不开窍的牛板筋。我的几个娃娃就像一个笼子里的鸡，如果一笼鸡一个都不叫，我也没面子。高老师，玉春，你们作为外人都这么关心我家的人，加上小儿子也有决心，我就再让他去拼一下。"

刚听到这里，江玉春高兴地走过去拉着繁小妹的手，对着屋里大声喊道："二哥，你快出来，你爸爸同意你去补习了！"

这个时候，繁卫东捏着眼镜，泪流满面地走了出来。他如重生的凤凰，他要振翅向着自己的目标飞去。尽管还有些虚弱，但气色已好多了。他来到高源面前，重重地跪拜，然后，戴上眼镜，哽咽着说："高老师，谢谢您救我！我一定要考上中专！"

高源将繁卫东扶起，说道："一次失利不等于永远失利，失利属于过去，过去的不会再来，再来的一定是希望和成功！卫东，我认定你行。"高源拍拍繁卫东的肩膀，"好样的，明天就到我班上来。"

此时，晚霞挂在天边，高源起身告辞。繁家人再三挽留，江玉春也邀请道："高老师，我家距这儿不远，只隔几块田，请去我家坐坐！""谢谢你们！今天还要回去备课。等繁卫东考上中专后，我一定来喝喜酒。江玉春，先代我向你爸妈问好！以后，有机会再到你家去。再见！大家再见！"

江玉春和繁卫东陪送高源走了两条田埂，高源连连催促他们回去。二人目送高源的背影消失在山边。江玉春喃喃地说，这么好的老师，老天佑之。听到江玉春的话，繁卫东又泪如雨下。

星期一，繁卫东到校。在班会课上，高源宣布了一项决定："我们班上的几位补习的同学，他们在许多方面值得我们应届同学学习。我已和班上的科任老师商量过了，请他们担任我们班上的学科代表！原来的科代表是由班干部兼任的，考虑到初三时大家的压力都大，就不再兼任。数学科代表由繁卫东担任，化学科代表由贾先和担任，英语科代表……如果大家没有意见，就请鼓掌通过！"高源说完，教室里响起了热烈的掌声。

"现在新课上完了，请大家把黑板上的两道题抄下来马上做。"傅大勇讲完课后布置了两道随堂练习题。傅大勇，物理教师，本乡人，热爱家乡回到故里。本学期，他和父母住在一起。父母均在乡下，住在坚决大队，即现在的十字村。"十字村"得名是因为村子中央恰好有两条大路通过，将全村划成四部分，两条大路交叉成垂直形，像个十字。据说，"坚决大队"名字的由来是，当时，芦溪公社革命委员会一小头目说："毛主席他老人家说过，革命不是请客吃饭。我们不得有半点含糊，怎么能在十字路口徘徊呢？必须马上把'十字村'改为'坚决大队'！"不过，"文化大革命"结束后，又恢复成了十字村。傅大勇的妻子是县环保局的一名职工，他连续申请调动，几年都未被批准。他家有一个独生子在本地读小学二年级。

傅大勇写完题后，回头一看，发现漆连仁趴在课桌上睡着了。他走过去，捏着漆连仁的耳朵将他提了起来："你学习上已欠了很多账，竟然还敢睡觉，是不是要破罐子破摔呢？"

"我错了嘛，错了嘛！马上改正！"漆连仁睡意顿消，红着脸，低着头。

"哼，简直不像话！下课写份检讨。先坐下。"

傅大勇回到讲台坐下，打开一包攀枝花香烟。一支烟快燃到一半时，大声说道："哪些完成了的，就交上来我看一下！"

"付老师，请您给我看一看！"体育委员李喜弟第一个走上讲台，双手将作业本递给傅大勇。

傅大勇赶紧长吸一口烟，就把烟熄了放在讲桌下面。他接过李喜弟的作业本，本子封面印的"教师"一栏写的"付老师"三个字一下闯入他眼帘，灼伤了他的神经。这三个字缩成一团，个个像病员，这让他感到阵阵悸痛。他的手抖了一下，三个歪斜的字瞬间恍惚变成了三个滑稽的小丑在嘲笑身材矮小的他：矮子！矮子！矮子！一股无名火腾地一下窜了上来……他左手按住作业本脊背，好像用了很大的力，使劲地克制住了快要冒出的无名火，用略微颤抖的右手翻开作业本——怎么不见做的题？他定了一下神，又翻了一下——还是没见作业题！

顿时，早晨家里发生的一幕又闪现在他的眼前：未按时起床的儿子被自己狠狠抽了几巴掌后，睡眼迷离的儿子跌跌撞撞地竟将台灯给碰落在地摔成碎片……

"你这个家伙，一个字没写，就来骗老子，真是气死人了！'喜弟''喜弟'，欢天又喜地，真不晓得你到底欢喜的是什么！字写得张牙舞爪、歪歪扭扭的不说，还交白卷，学白卷英雄张铁生嗉？……"

傅大勇劈头盖脸的一顿训斥，将李喜弟搞得一头雾水。李喜弟傻愣愣地站在那儿，像一个犯了大错的人，正等待着台上的宣判。他还没回过神来时，傅大勇又将他的作业本撕裂揉成几坨，扔在地上："你们仗着班上的名气大，就不把老师放在眼里。学习成绩差的睡觉，学习成绩好的交白卷，你们班的物理课，老子上不了！"说罢，怒气冲冲地推门出去了……

整个事件来得太突兀，大家都怔住了。此时，整个教室的空气凝固了，如死一般的沉寂……

看着悻悻离去的傅大勇，漆连仁大气都不敢出，低头一直盯着书本。李喜弟伤心委屈的泪水夺眶而出，他拖着沉重的步履默默地返回座位。

江玉春默默地走向讲台，作为一名班长，她此时的心情不言而喻。同学们的目光顺着她的背影望去，只见她慢慢地蹲了下去，将撕裂成几块的李喜弟的作业本捡起来，回到自己的座位，放在课桌上，下意识地拼凑了下，似乎明白了什么。

高源正在办公室里备课。

江玉春将傅大勇撕烂的本子交给了班主任，小声地把物理课上的风波一五一十地讲了一遍。

　　听完班长的叙述，高源看见李喜弟作业本上的"付老师"三个字，心里已经明白了这件事发生的大致缘由。倒不全是像江玉春所说的是李喜弟做作业时太大意了——没有接着上次写的作业后面写，在做练习题时，多翻了两篇纸，自然就容易令人产生没有做的误会。他的脑海中浮现出初二上学期一次班会的情景来。

　　那次班干部组织了一次趣味智力竞赛活动，特邀了全班科任老师参加。除了王德立外出开会，物理老师傅大勇、英语教师付正平、数学老师戴小敏和化学教师兼教导主任的贾成功都来了。

　　活动开始时，江玉春第一个出场："我先出一个脑筋急转弯题：'天不知，地知；人不知，我知'。请猜一个物件。"过了两分钟，见没人猜出来，班长叫道："请漆连仁同学亮出谜底。"只见漆连仁缓缓地跷起脚来，他此时穿的是一只磨穿了底的鞋子——啊，原来谜底是鞋底的一个破洞！众人沉思片刻，便爆发出一浪一浪的开怀大笑。

　　这一下，大家的情绪被调动起来。谢红荳抢先出了一个字谜："一个人身高只有一寸长。"同学们你瞧瞧我，我看看你，脸上皆是一片茫然，一下子没人能说出答案来。此时，谢红荳面露得意的神色，她倒计时地数着："五、四、三、二、一……"正要抖搂出谜底时，只见李喜弟用手指在空中比画后便高声叫道："我知道，我知道！左边一个'人'，右边一个'寸'，那不是傅大勇老师的'付'字吗?"答案出人意料，却又似在情理之中。

　　"哗啦啦"，顿时，许多学生都鼓起掌来。这掌声，李喜弟听到的是称赞，而传到傅大勇的耳朵里，却近乎成了揶揄。物理老师傅大勇，身材矮小，只有一米五。说者无心，听者有意。傅大勇的脸唰地一下红了，显得十分难堪。

　　"这个答案只算对了一半，字是猜对了，但'付'字可不是傅大勇老师的姓，而应当是英语老师付正平的'付'。"高源的眼尖，傅大勇的神色变化，他全看见了，于是马上出来打了一个圆场，算是对傅大勇心灵的一个小小的抚慰。

"对，是我的姓。"付正平接过话头。付正平，原籍在云南，一次在朋友家，与前来探亲的袁小红一见钟情。为了爱情，辞别父母来到四川。现有一女，妻子在乡供销社上班。他身材魁梧，有一米七八。

为了缓和气氛，班主任高源马上出了一个谜面："请大家猜一下：'天下第一菜'是什么菜？我特别友情提示一下，这种菜是同学们家里吃过的很普通的菜。"

"鸡肉。""豆浆。""油炸笋子虫。""不是，是炒鸡蛋。我奶奶说，炒鸡蛋是她这辈子吃过的最好的菜。"……

贾成功听懵了，搞不清正确的答案到底是什么，便催促高源："大家可能都没猜出来，你就亮出谜底吧！"

"这个谜语猜起来有难度，这是我原来听收音机时记下的。请大家用拆分法和替代法来思考，你们想一下：'天下'即'天'字拆分为上下两部分，那下面的部分是什么字？"高源启发道。"是个'大'字。"大家异口同声道。"那'第一'的意思又可以用什么词来代替？"

"冠军。""首脑。""头领。""头一名。"……"是'大头菜'？对，是'大头菜''大头菜'！"江玉春琢磨了一阵，为自己找到的答案欢呼雀跃起来。

"对！是'大头菜'。"高源笑了，同学们笑了，大家都笑了。

何明遐、繁卫东等人赶紧掏出小本子记下了这个有点儿特别的谜语。

接着，贾成功和戴小敏等几位老师纷纷拿出了自己学科的趣味性智力题来。傅大勇也出了一道与物理有关的题，但高源始终觉察出他的脸上有一丝不自然的表情。自此以后，高源也注意到凡是涉及傅大勇姓氏的任何事情，傅大勇都十分谨慎地对待。就连傅大勇本人的任何签名，他再也没有写过"人""寸"——

"付"了。

傅大勇发火的主要缘由应在此,但高源不便向学生透露出这件事的真相,因为这无形中会损害物理老师在同学们心目中的威信。想到这里,他对班长说:"谢谢你,我知道了!我会去找傅老师谈谈。下午放学时,你先把李喜弟找来,我要和他聊一聊。"

李喜弟到办公室后,高源见几个老师正在备课,便带上两个作业本同李喜弟来到河边。二人坐在河岸上,高源拍拍李喜弟的肩膀,先了解李喜弟近来的家庭情况和他锻炼的情况,然后谈到今天班里发生的事。谈了一阵后,李喜弟的情绪放松了,激动地说:"高老师,请您放心!我以后不会再那么粗枝大叶了,我会继续努力的。"高源见李喜弟恢复了正常的状态,心中的石头着了地,首先站起来,又伸手将李喜弟拉了起来,再次拍拍他的肩膀,高兴地说:"好样的,男子汉就该拿得起放得下,老师相信你!你的基础扎实,头脑反应快,学习没有问题,但其他方面也应严格要求自己。以后除了写作业不要大意外,还要把老师的姓名写好,这也是尊敬老师的一个方面。你记住,写物理老师的姓时,就想到一句话:物理老师可喊物理师'傅';写英语老师的姓时,就想到一句话:学好英语要'付'出——这样就不会弄混淆了!"说完将两个本子交给李喜弟,李喜弟推辞着不肯接受,高源只得激他一将:"你若真的理解、原谅傅老师,就收下。""谢谢老师!"李喜弟双手接过本子向教室走去。

望着学生离去的背影,高源松了一口气。回头望去,秋天的芦溪河畔,芦苇露出了迷人的景色,河水已不见夏日浑浊的模样,变得明净。

晚饭后,漆连仁见办公室里只有高源老师一个人,便轻轻地走进去,把一份检讨和抄写的两遍班规交给班主任。自初一开始,高源班上全体学生一起讨论,参照《中学生守则》和学校规章制度制定了《八六级一班班规》，从课前准备到回家路上的言行都做了细化要求，可操作性很强。凡是违反了纪律要求的，轻则罚抄一遍班规，重则两遍以上，旨在抄写班规时加强自我教育。

原来，他昨天晚自习后回到寝室，叫上两个同学搞赌博——打扑克"逗十四"，五分钱一翻，赌资用的是菜票。因为睡得晚，今天上第三节课时就熬不住打起瞌睡来。不仅影响了自己学习，还影响了大家。他把赢的菜票已退了，保证以后不再重犯。

高源看完他写的检讨书后，狠狠地批评漆连仁："你真是糊涂极了！赌博是害人的，难道你不晓得吗？今后千万不能再沾染一点！再说，你的学习基础不好，就需要多花时间补一补。这件事，你的认识好，老师相信你。我问你，昨晚打扑克的，还有哪两个？"

"有个是二班的，还有个是我班的。"

"叫什么名字？"

"老师，我能不能不说嘛？"漆连仁好像难以启齿。

"那好吧，下不为例！"高源想了一下，答应了。他知道现在的学生把"义气"看得很重，若是知道被漆连仁出卖，那以后漆连仁在学校的日子至少要走一段艰难的雪山草地，整得满身是泥。

"谢谢高老师！"漆连仁行了个礼，正准备走，高源又叫住了他。

高源掏出了三块钱，塞到漆连仁手里："老师对你的表现感到很高兴，这是奖励给你买菜票的！"高源前不久听班长说过，漆连仁有时吃饭时，没有菜票，用的是家里带来的豆瓣辣椒下饭。这次赌博可能就是想赢点菜票，对这个缘由，他不能点破。

一枝一节皆是爱，师恩无量深似海。初二上期末，他考了个班上倒数第一，让他父亲非常生气。鉴于家庭经济情况，漆连仁的父亲决定让他辍学回家参加农业生产。高源得知情况后，及时到他家家访。"三百六十行，行行出状元。并不是每个人都必须得走读书这条路才行，但是读书却又是做任何事的基础，况且学校起到的作用是其他所有的环境不能相比的。漆大哥，我听说过一句话：把一只鸡放进一群鹰里去锻炼，即使他飞不到鹰那么高，却能够比一般的鸡飞得远。你觉得怎么样？"漆连仁的父亲听后，点了点头。教师和家长两个像朋友一样又交谈了很久，漆父最终同意漆连仁继续到学校读书。

班主任的举动再次震撼了漆连仁的心灵，漆连仁含着热泪推辞道："高老师，谢谢您！我不能要。"

"男子汉，别婆婆妈妈的。我说过是奖励你的，老师的话有时也是金口玉言，难道还要收回吗？况且，这件事你也要保密，不要说出去。"

看到班主任真诚的态度，漆连仁抿着嘴，重重地点了点头。

此后，初三·一班的两节物理课，傅大勇都没有上。

这一天，高源在河边寻到他："傅老兄，你和付正平二人的姓把学生都搅晕了！你知道，一九七七年底，《第二次汉字简化方案（草案）》公布。在第二批汉字简化表里，有一类是同音代替字，学校戴老师的'戴'变成了'代表'的'代'，你的姓简化成了'付'，有时真叫人无所适从！这事也怪我，作为一个班主任，把学生的事处理好了，却没把老兄的事办好。你知道，班上原来有两个女生叫'谢红'，后来一个同意改成'谢红荭'后，大家不是再也没有弄混了嘛！"

高源和几个年龄差距不大的老师在私下场合都以"兄弟"相称，大家感到没有什么隔阂，倒显得很是亲近。

高源掏出随身带着的笔在一张纸上写起来，看到高源勾画的几个字，傅大勇搭讪道："其实，付正平的姓的写法也应跟我的姓是一样的。""是的。你的姓'傅'与他的姓'付'应是同祖同宗的，现在他的姓是你的姓的别字或叫'白字'。只不过，时间一久，人们用习惯后，也不太计较了。付正平姓的写法，就成了惯用字。比如：肖华将军的'肖'与汉代丞相萧何的'萧'，也是属于这种情况。只是在《第二次汉字简化方案（草案）》中有不少字已简化得不成样子，不被人们理解和接受了。我们希望以后国家能正式下文件彻底禁用这种不规范的字，如很多人都有一种感觉：'讲道理'的'道'，竟然简化成了'辺'，在道路上插把刀，这哪像是要讲道理的啊？"说到这里，高源话锋一转，"不过有时，姓也就是一个符号，习惯了，也无足轻重了。就像你原来在领工资时，有时的签名不也签成了付正平的'付'字吗？"傅大勇心结终于解开了，显得有些激动："高老兄，你的话让我茅塞顿开。我耽搁的课我会补上的。这件事就不再提了，改天我请你喝酒！""谢谢傅老兄，应该是我这个当班主任的请你才是！"

老师与同学赌气，这是一种莫名其妙的现象，这是老师给学生树孬形象，这是老师忘了自己身份的一种意识错位表现。开学伊始，这场物理课风波如果处理不好，会对班上整个初三后期的教学质量产生不利的影响。好在风波中主角的问题都化解了，要趁热打铁在最小范围内借此契机将不利因素变成积极因素。回到办公室，高源决定在当天下午的自习课后半节，讲一讲这件事。

"同学们，最近大家都很刻苦，绷紧的弦需要放松一下。下面给大家讲一个有关孔子的故事。有一次，孔子带着弟子在外面讲学，盘缠用光了。众人整整一天是粒米未尽，滴水未沾。没办法，只得派几个弟子去寻找食物，结果花费了大半天时间，才讨要来半升米。于是赶紧挖灶搭锅生火做饭。快要吃饭时，孔子瞥了锅边一眼，愣住了。为什么？因为他发现弟子颜回在偷吃饭。孔子心中顿时很不高兴。这个学生在自己心目中的印象一直是很好的呀，这次却太不懂事了，此时谁不饿啊，你实在受不了要吃可以说一声啊，怎么能偷吃呢？显得品性不端！品性不良的人，再有本领也没用，太让人失望了！但孔子的修养很高，他没有发火，也没有当场批评颜回。他决定委婉地教育一下弟子，循循善诱让他明白自己的过失。弟子们请先生用餐时，孔夫子故意说：'我们今天不至于饿肚子，要感谢上苍对我们的眷顾！那我们吃饭前就得先敬天。'而此时，颜回发言了：'先生，这使不得！''为何？''因为这饭弄脏了。开始煮饭时，怕米黏锅底给煮糊了，便去铲锅底。不料锅下面的石头没放好，锅侧翻了一下，饭倒出来了，最脏的我已吃了。若是用这锅饭来敬天，便是对上苍的不敬。'此时，孔圣人感慨万千：人说'耳听为虚，眼见为实'，有时，我们亲眼看到的也未必是'实'啊！这是孔夫子的自我反省，因为他将看到的假象误以为真。圣人尚且如此，何况我们凡人呢！"说到这里，高源停顿了一下。看着不少学生若有所思，他又接着说道：

"我们班的老师和同学都不是圣人，都有可能犯这样或那样的错误，但我相信，我们老师和同学都会改正，都会进步。大家可以切身感受到，做我们班的学生有多幸运！就说贾老师吧，告诉你们一个秘密：他原本可以分配到县城中学的，可是为了我们农村学生学好化学，他自愿分配到了距县城偏远的地方来教大家。大家知道吗，贾老师还在读自考大学，还在不断地追求进步。付正平老师的父亲是云南一个乡的党委书记，可他远走异乡，来支援我们芦溪乡的教育事业，和同学们一起探讨知识的奥秘，打开外面世界的窗口；同时，他也在坚持读函授大学。就说傅大勇老师吧，他虽然属蛇，却有一颗火热的心。他热爱家庭，更热爱教育事业。班上有几位同学更能够切身地感受他那高尚师德所带来的温暖。因学校改做寝室的房间不够，为了保证初三路远的同学能住上校，今年他主动将自己的寝室腾出来，带着儿子每天回到乡下老家去住。为了同学们能住下来潜心学习，傅老师却不顾刮风下雨，起早贪黑地同小儿子奔波在乡间小路上……同学们，我作为一名班主任，一名全国最小的主任，有着这么一群有爱心、有追求的同事做搭档，是我的幸运；那么，有这么一群有朝气、肯奉献的青年人做你们的导师，不也是你们的幸运吗？让我们珍惜这些缘分，热爱这个团结向上的温暖集体，朝着自己的目标奋勇前进吧！"

高源那至真至诚热情洋溢的话语深深地打动了每个学生的心，他的话点燃了曾经有些沉闷的气氛。在热烈的掌声响过后，不少人心里曾有的一丝阴影也荡然无存，只有朗朗的一片晴空。高源深切地感受到：这分明是向着明天出征的激越的战鼓之声！看着一张张兴奋的笑脸，看着教室里升发起来的昂扬士气，他心中彻底释然了。但见李喜弟和繁卫东悄悄地抹着脸上的泪水。这让高源特别地想拯救同学们的命运。

3.

善与恶

　　赵琼副校长在乡卫生院的病床上躺了两天，还是头脑发昏，浑身无力，吃不下饭，但医生说没有什么病。晚上，高源提了一袋白糖，来看望赵琼。赵琼苦笑着说，我实在没有病，只是浑身无力，立不起来。这个病房呢，就像是舞蹈家，总喜欢旋转。她说高源是她前世的亲人，每次见着，都觉得很温暖，很亲切。高源说，真是那样，那感情好，边说，边给赵琼冲白糖开水。他把糖水递给赵琼，补充点糖，增加点力气吧。

　　我是缺少甜蜜，但这不是根本。高源一听，也说，是的，你缺点男性的阳光照耀，就像缺钙。请你早一天走出失恋的阴影。赵琼说，抱抱我。高源以为自己听错了，问，你说什么？抱抱我。一时间，这病房真的变成舞蹈家了，真的开始旋转了。高源成人后，从来没有与女人有过亲密的接触。这一刻，他被推上台了，要么英雄，要么狗熊。好在他对自己有信心，他就这样穿过一千双眼睛射来的枪林弹雨，弯腰，抱着半躺在病床上的赵美女。就在此刻，高源消失了。

　　更神奇的是，赵琼宣布她好了，有劲了，要出院了。赵琼说，高源，好样的，从今往后，我要做你的奴隶。高源一时听不懂她在说什么。

隔了一天，赵琼送来三十元钱，说给繁卫东资助学费。班上的勤工俭学费只解决了他十元的补习费，余下的，王校长说暂时欠着。高源知道学校暂时也没有办法解决此事，正为此事发愁。他感激道，赵校长，这钱，我和繁卫东以后还你。我是你的奴隶，随你便，主人。从前天晚上起，高源才知道赵琼丰满的双乳，足可以喂养、温暖一个世界。

"高老兄，今天是星期天都不回家吗?"高源抬头一看，是何明遐的哥哥何明进在窗口招呼自己，连忙放下手中的书，站起来，拉开门："何老兄，请进来，坐坐坐! 这段时间，家中没事，就一个月回去一次。"高源一边答话一边将一把折叠翻板椅打开。"不影响你吧?""你是学生家长，本该我去你家家访的，倒是你先出马了，真是求之不得啊!"两个同龄人笑着坐下来，开始聊着有关何明遐的各种话题。

何明进现在是初一·二班的语文教师，他的老家在距学校十公里外的农村，弟兄姊妹同高源一样的多，家庭负担重。二人参加工作后，都主动为父母分忧。高源的小妹在他身边已读到初二了。高考失利后的何明进谢绝了老师要他去学校复读的建议，到芦溪中学应聘上代课老师后，便将二弟何明遐带在身边。他知道，弟弟很崇拜高源，立志当一名教师。星期天，弟弟常常到教室里去，在黑板上练题，也顺便练练粉笔字。他也想弟弟考上中师，早早了却一桩心愿。本来，在班干部竞选中，何明遐得票与江玉春一样多，可怕影响升学，何明进再三请高源予以关照，高源听了何明进的诉求后，于是就让何明遐担任了副班长一职。

两人相谈甚欢，不觉到了中午。何明进看了一下手表："都十一点了，等会儿我请你喝酒。"

"你请啥子哟，该我请。我前天领了二十块钱的稿费，早就说过要办招待的。好在今天没有什么紧要的事，就把在校的老师

都叫上，你骑我的车去把傅老兄也喊回来！"

二人商量一下，何明进骑车去载傅大勇，高源在学校安排。

高源拿出十元钱叫何明进去屠宰场买猪肉。他在校园内转了一圈，发现只有一半的教师在家，全都请了，又赶到乡供销社找到付正平。

付正平听说来由后，爽快地说道："好的，早该聚聚了。高老兄，等我一下哈，我去给老妮儿说一声就走。"

望着付正平向供销社库房走去的背影，高源对他说的"老妮儿"一词特感兴趣。"老妮儿"一词是四川成都地区一带的方言，与北方的"婆姨"、南方的"老婆"，还有南北方的"婆娘"等词语的含义一致，即"妻子"。不过，他觉得"老妮儿"一词更有韵味，更有人情味。不信，你听，当妻子年轻时，你叫她"老妮儿"，称呼中带有"老"字，寓示着白头偕老之意；当妻子年迈时，你叫她"老妮儿"，称呼中带有"妮儿"，表明她在你心目中永远年轻。"老妮儿"这词的内涵和意味，真是其他同类词语所不能比拟的，但为什么《现代汉语词典》里没有收编呢？如果有一天，自己参与《现代汉语词典》的修订，一定要建议增加这一词条。如果将来娶了林婧，也一定叫她"林老妮儿"！想到这里，高源心里乐了。

付正平的老妮儿一个人在乡供销社承包了百货门市部，常常要到城里进货，很忙。付正平下班时或星期天都要去照看一下。

袁小红跟着付正平一同来到柜台，大家打过招呼。付正平又向老妮儿交代了几句，就带着女儿甜甜同高源回校。

学校只有六套不标准的一套一的住房：进门的一间是小客厅，中间是寝室，最里间是较窄的厨房，没有厕所。由于学校住房紧，套房分给了三个年纪偏大的教师和两户双职工了，因为王德立带着儿子，也分了一套，有四个成了家的教师只得住在两间空房改成的单间寝室里。王德立听了工会主席的建议后，马上叫方会计请工人在学校围墙内搭了四间厨房，付正平分了一间。

因为人多，炒菜就得用上付正平的柴灶和蜂窝煤炉子，高源的煤油炉子只适宜煮饭。

刚进校园，付正平赶紧说道："高老兄，你歇一下，我先回厨房收拾一下。""不歇不歇，一起去吧。"见高源这么热情，付正平虽不太情愿，也不再坚持。

第一次到付正平的厨房，高源看见餐桌上横七竖八摆着用过的碗筷，锅也没洗。

"现在人少，我们一天洗一次。"付正平苦笑着说，表情有点窘。

"这有什么影响，这样既节约了时间，也节约了水。如果真要讲究，等将来富裕了再说吧。"高源真诚的语气让付正平听了感到一丝宽慰。

其实，高源心里何尝不知付正平来不及洗碗的缘故！学校老师的教学负担重，公办教师和代课教师总共才十几个人，却要上三个年级六个班的课。单是一个班，每一周六天不算早晚自习课，光正课就有三十四节。全校行政干部均在一线上主科。初二那一年，高源上的课最多，一周正课共有十九节——两个班的政治、美术，一个班语文、班会。

上学期，傅大勇上午上课，下午到区上参加培训，小孩儿和他换下来的衣服有三个星期都没来得及洗，全堆在墙角。他的老妮儿到学校来洗衣服，吓了一大跳：衣服下面竟有几条蛇崽！

他知道，付正平除了教学，还在进修。每周星期天他要骑车到五十公里外的省城教育学院进修函授专科英语课程，并且每周要帮老妮儿值三天夜班。小女儿在幼儿园放学后都是老师给送回来，基本上没时间去接。

"高叔叔，我老爸说，每顿饭，我们用三个碗就够了。"付甜甜眨巴眨巴大眼睛。付正平读书时特别崇拜英国作家莎士比亚，

因此留了些胡须，女儿便叫他"老爸"。

"甜甜，你老爸聪明不?""老爸聪明，我更聪明!""这个娃儿，真是耗子爬秤杆儿——自称自! 去，到一边找小朋友玩儿去!"付正平瞪了女儿一眼。"好嘞，我去玩儿了。"付甜甜应承着，又拉着高源的手问道:"叔叔，今天有肉吃吗?""当然啦，我们一定要用香喷喷的肉奖励你这个小机灵!""肉煮好后就喊我一声哈!""好的，甜甜乖。"

甜甜出去后，两个年轻人开始收拾厨房。

高源计划做两菜一汤:土豆烧排骨，冬瓜煮肉后，做青椒回锅肉。

刚将冬瓜切好，何明进与傅大勇到了厨房。何明进不见弟弟来帮忙，便向高源打听，高源说早已安排何明遐买肉去了。

何明进不禁看了一下表:快到十二点，这是怎么回事?! 他急得开始数落起兄弟来:"真是嘴上没毛，办事不牢。这么丁点儿事都办不好!"他打算去找一找。

高源劝他道:"别急，可能快回来了。"

"不行不行，我还是得去找一下!"

何明进刚到屠宰场，一个姓谭的胖子师傅就对他说道:"你们学校的学生太不像话了，割了肉竟然还不要了。""怎么回事?"谭师傅便添油加醋地将那个学生买肉的情形描述了一番。

何明进听后脑袋快气炸了，感觉到那个学生极有可能就是自己的弟弟何明遐! 他转身回校。心想:一定要好好教训一下这个不知天高地厚的浑小子。

何明进又来到付正平厨房内，刚与高源闲聊几句，就听到何明遐的声音传进来:"高老师，对不起，我回来迟了!"

高源正要迎出去，何明进夺门而出。何明进从弟弟手中接过肉放下后，对着何明遐一个耳光"啪"地扇了过去:"你还知道'对不起'?! 屠宰场这么近，你究竟跑到哪儿去了?"何明进的举动让大家都感到莫名其妙，高源估计其中肯定发生了什么事情，连忙把何明遐拉开，劝道："别急，别急！有话慢慢说。"

"你还是老师，凭什么随便打人？"何明遐感到很委屈，眼泪夺眶而出。

"我现在是你长兄！老汉儿老娘把你交给我，你懂不懂'长兄为父'的道理？"

"哎呀，究竟发生了啥子事哟？"付正平也被这眼前发生的事弄得有点儿迷糊了。

"你们问问他，我们学校的脸简直让他给丢尽了！"

"哪个丢学校的脸了？！"何明遐的脸涨红了，语调也升高了。

"别急，都别急！明遐，你说说看，免得大家担心，也免得你哥误会了你！"高源向何明遐使了个眼色，何明遐稳定了一下情绪，讲了此事的经过——

何明遐带着班主任给的钱兴冲冲来到屠宰场："师傅，请给我割十元钱的肉！"

"你是哪里的人？割这么多肉做啥子事哟？"有个胖乎乎的工人很不解，猪肉卖八角钱一斤，十元钱可要割十二斤多了。"你别管那么多，我住在学校里。我们老师要请客，办招待，你懂不懂？""好嘞，办招待！"胖子边说边割。

啊，真是太巴适（好）了！何明遐看着胖子师傅割的那块肉，心中一喜：回去，大家一定会夸奖我的！因为那块肉是胛缝，精肉多，肥肉少。

"这块肉不错，还是留下来我自己吃！"不料，胖子师傅把划下来的胛缝肉挂在了另一个铁钩上。

刹那间，何明遐愣住了！他简直不相信自己的耳朵，更不相信自己的眼睛：做人做事怎么会这样呢？简直是欺人太甚！

身居校园的何明遐还不是很谙世事。此时，改革的势头虽从沿海铺开，已伸向内地，但内地的变化却还不十分明显。计划经济时代的影子总是时隐时现。在地方，以前有三个令人羡慕的单位：粮站、供销社、屠宰场。越是在经济落后的地方，这三个单位的工作人员越会感到骄傲。作家柯云路在他的作品《新星》中描述了这么一个片段：公社党委书记对某女教师说，只要你表现好，就把你调到供销社当售货员。在芦溪乡，连个粮站都没有，只有供销社和屠宰场，买一斤米，都要跑到五公里外的山河乡的粮站。在单位工作的人员，每个月照常配发粮票，只是原来的布票、肉票废止了。购米购面，吃菜油，买鸡蛋，打煤油，机关事业单位人员主要靠供应，否则，都要到自由市场上去买，靠那点儿工资是远远不够的。学校教师用煤油炉子煮点东西，或上晚自习时停电点煤气灯，因供应量有限，便不得不托付正平的老妮儿帮忙。本来屠宰场工作人员已失去骄傲的资本了，可是由于芦溪乡的地理位置特殊，所以，如果你不在本地买，那往东就要去山河乡买，或是往西到两公里外的码头坐船过江到三江乡街上才能买到肉。

何明遐简直想翻越柜台扑过去扇那个胖子几耳光。他突然想起了班主任的话来，高源说过："教师的家属，教师的子女，他们的一言一行都是教育的一种隐性资源，如果他们发挥了良好的表率作用，那必将成为教育的一笔财富。"想到自己是班干部，又是教师子弟，时时处处应严格要求自己，绝不做影响学校声誉的事来。他努力控制住自己将要冲动的情绪，快要伸出的手又收了回来。但是，他又觉得不甘，决定要报复一下，以解心头之愤。于是，他强装镇定地对胖子说道："师傅，请给我割一块坐墩儿肉，划成几块。"胖子根本没有觉察到何明遐神情的细微变化，便照着何明遐所说的意思做了。

"这几块肉更不错，还是再留下来给你吃吧！"等胖子将肉划好后，何明遐冷冷地丢下一句话，转身就走。

"站住！老子不相信在芦溪河里还能翻船！"胖子感觉到他这

一生中第一次遭到戏弄了，并且是被这个娃娃戏弄，这种奇耻大辱让他的肺都快气炸了。

"你想干什么？"何明遐攥拢了十指，如两个铁锤一般，转身看着胖子。

看着何明遐怒目而视的眼睛，打量着何明遐一米八二的高个子，盯着何明遐一身结实的肌肉和那对铁拳，胖子感觉背心渗出了冷汗，便给自己找了个台阶下："算了，老子不跟你这个毛头小子计较，我……我找你们的老师去……"

何明遐离开屠宰场，赶紧到附近同学家借了辆自行车飞奔到山河乡去买肉，所以耽搁了这么久。后来，他哥哥去乡上屠宰场找他，听了胖子的一面之词，便对弟弟产生了误会。

"行，明遐做得对，在绵羊面前你就温顺，在豺狼面前你就该表现出英雄本色！"高源听完何明遐的叙述，首先定了个调。

"对，我也赞成！这叫'以其人之道，还治其人之身'。"付正平附和道。

看着弟弟略显得意的神色，何明进摆摆手道："得了，两位老兄就不要给他垫脚了，当心把他给惯坏了。你们想想看，那个胖子谭师傅做的是不对，难道我弟弟做的就一点儿也没错吗？"

"再怎么说，他也是成人，哪能够与学生相比？再说了，对付那些心地不善之辈，如果一味地宽容忍让，就会让他们不知好歹，变本加厉，越来越嚣张的。"付正平不赞成何明进的观点。

"我也觉得你弟弟错不到哪里去，欺负学生，算啥子本事！"傅大勇听了一会儿也开了腔。

"好了，各位老兄，这件事就此打住。感谢各位对我弟弟的关心！今天主要是高老兄办招待，我提了五瓶沱牌酒来助个兴，一是祝贺高老兄的大作发表！二是感谢各位老师这两年来对明遐的教育和爱护！大家一定要喝个痛快！"

"不值一提！""客气！""客气！""应该！""应该！"

众人彼此寒暄一番，便动手开始弄菜做饭，何明遐也在旁边帮忙。

在暑假中学校改造两间空屋做了四间寝室，屋顶是用竹篾板做的望板。一个月后，粉刷过涂料的望板和墙壁已没什么气味，新房可以入住了。

本来，高源分到了一间屋，但他考虑袁华有了女朋友，也急需一间过得眼的寝室，于是，就给王校长说了自己的想法，让袁华先搬进去。高源的这一举动，让袁华感动。此后，袁华深感人性本善。

国庆节后的第一天，高源帮袁华搬完家，骑车回家看了父母后，便乘车到县上去参加教研会。由于县城较远，第二天教研会早上八点钟开始，班车也少，路途远的教师一般都在这一天下午中途转车后赶到城里住一宿。

下午教研会快要结束时，语文教研员匆忙来到会议室叫高源去接一个电话。高源拿着话筒，刚听了一句话，就惊呆了！电话是王校长打来的，说是李喜弟被淹死了，叫他马上赶回去。

学校的外操场上差不多聚集了全校师生，除了有几个人在小声议论，大多都沉默不语，表情悲哀。

李喜弟静静地躺在一张水泥火砖砌成的乒乓球台上，头发湿透，脸色灰白，嘴唇污青，身上的外衣和鞋袜是付正平和戴小敏穿上去的。傅大勇站在一边，低垂着头，一言不发。

班长江玉春带着班上的同学守在李喜弟身边，表情十分悲苦。一见高源回来，江玉春、谢红荭、鲁媛媛等几个女生先围了过去，刚喊一声“高老师”便泣不成声。“别哭别哭！”高源劝慰道，却也觉得鼻子酸酸的。

王德立叫高源到办公室，告诉他：贾成功早已派何明遐和胡云秋去通知李喜弟的家长了。学校行政已研究决定，等李喜弟家长到来后，尽快把李喜弟的遗体护送回家，并派工会主席和班主任去慰问一下。

"这件事，我有责任啊！"当高源迈着沉重的脚步再次来到操场时，傅大勇向他叙述了李喜弟淹死前的经过——

下午第一节物理课上，傅大勇讲完新课，很激动地对全班学生说："今天，我郑重宣布一项决定！"教室里悄无声息，学生们齐刷刷抬头看着他。

"我也要向你们高老师看齐，从今天开始，凡是在上我的课时，只要听懂了，完成了作业，不仅可以做数学做语文作业，可以看课外书，而且可以睡觉。"说到这里，傅大勇看见不少学生脸上露出笑容，他停顿了一下，马上提高了音调："干脆，我再开放一点，再增加一条：甚至可以跑出教室去耍！"当听到这里，李喜弟率先鼓起掌来，学生们个个喜形于色。这种待遇，大家早在上语文课时就享受到了，但觉得傅老师改革的步子更大些。

刚上初中一年级时，高源就在班上宣布："其他课我不敢保证，但我的课绝对可以保证：只要能读懂文章，掌握了知识点，在做到不影响其他同学学习的前提下，就可以做别的事！"不少学生对高源的话是将信将疑。接着，高源用自己的亲身经历诠释了这一决定的来由：

高源出生在农村，家庭经济条件差，年少时，无钱买课外书，只得借书来读。而借来的书在当天放学时要还给别人，这样就只能在学校里看了。为了保证读完当天借到的课外书籍，就只能在语文课上挤时间。于是乎，高源每天下午放学回家，把当天的作业完成后，便借着灶膛里柴火燃烧的光亮预习第二天要上的新课文。有时，预习课文的时间不够，供应的煤油又不够，就只能点上菜油灯来学习和背诵新课。超前预习，使他能提前完成作业，他将多出来的时间用来阅读课外书。那时，他的初中班主任魏明伦老师，这个大外公的长子，恰巧来班上教高源的语文和物理，所以，高源背后称他"老师舅舅"，有时便简称"老舅"。老舅对他在课堂上看课外读物表示支持，还鼓励他说："你一定能上大学！"自此，一粒金色的种子播撒在高源的心里。这个少年在心灵深处勾画了一条明晰而有些模糊的奋斗曲线图：初中→高中↷中专→大学。每每回想起这些场景，他的心里总是涌起无数甜蜜和温暖。有了老师的现身说法，同学们都十分激动。当时，不少学生心里暗下决心，要像高源老师那样讲方法，讲策略，拼出上升的空间，拼出梦想的空间，要效仿高源老师的延长课堂时间学习法！

没想到，如今，物理老师也给他们提供了更优厚的待遇。学生们的情绪再次被调动起来。

傅大勇讲完新课，就布置了几道题。他环视了教室一周，发觉先前有点儿萎靡不振的李喜弟，现在好像注射了一剂强心针，精神抖擞起来了。

谁也不知道，此时的李喜弟已是一天一夜没吃过东西了，并且身上还带着伤痕。课堂，只是平静的海面，至于海面下隐藏涌动着怎样的危险，海面上，是看不到的。

"喜哥回来啰！""喜哥回来啰！""二娃三娃乖！你们过来把这些东西拿去耍！"星期三下午，按惯例——教师开会学习半天，学生不上课。中午，李喜弟回家去。他把在路上逮的油蚱蜢儿和天牛儿从书包里翻出来，拿给邻居小朋友。只是他惊奇地发现：天牛儿死了一只，那只大的黄褐色桑天牛竟然将小的星天牛给咬死了！"谢谢喜哥！星期三，读半天。过了星期三，心里好喜欢。"两个小朋友拿着油蚱蜢儿和天牛儿唱跳着走开了。李喜弟面带微笑，提上书包进了门。

饭前，父亲李跃进突然问到蒋莲梅出嫁时的情况来，李喜弟不知以前两家人有宿怨，直接将母亲钟悠嬷叫他随礼的事说了出来，顿时惹得现已是村主任的李跃进大发雷霆。见此情形，钟悠嬷拿着筷子走过来，轻言细语劝说丈夫，说是过去对蒋家做了一些孽，人家现在搬走了，赶一点礼，心里也好受些。哪知李跃进对此并不认可，大声呵斥老妮儿："你懂个啥！蒋余明那个家伙纯粹是自作自受！想当年，他要不是故意羞辱我，哪会惹得大祸？"

钟悠嬷知道李蒋两家结怨的经过：当年，生产队长李跃进有天在一个茶铺里喝茶，就听见本生产队的蒋余明在同几个人摆龙门阵。蒋余明大声说道：有句话叫"不孝有三，无后为大"。如果只生女儿，那就是"焦尾巴儿"。你们看，我蒋家有三个儿子，就可以保卫国家，保卫人民，保卫党了。凡是还没有生出儿子的，可要回家使劲整哈。众人听了哄堂大笑。李跃进隐约地觉得蒋余明的眼睛向他扫射过来，他下意识地埋下了头。蒋余明的话马蜂似的绕着李跃进轰鸣，深深地刺痛了李跃进的心。特别是那句"只生女儿，那就是'焦尾巴儿'"让李跃进坐卧不安。"焦尾巴儿"的意思他明白：屁股后面的尾巴儿被烧焦了，就没有尾巴儿了，屁股后面没有东西表明无后，即不能传宗接代。那时，重男轻女的思想仍然存在，孩子出生后都得跟父亲姓，不少人以为只有男子才能传宗接代，没有儿子的都觉得对不起祖宗。李家当时就只有两个女儿。读过两年小学的李跃进是个好胜心极强、心胸极其狭窄之人，他暗暗发誓：有机会，就要报复蒋家，我定要让你蒋家成为真正的"焦尾巴儿"！从此，李跃进就盼望能早点生出一个儿子，常常在女儿面前发问：你们喜不喜欢弟弟呀？只要谁说喜欢，就能得到一颗糖、一颗豆豆之类的奖赏。所以，生下儿子后，就取名为"喜弟"。后来，借着那场异常运动，李喜弟之父终于兴风作浪，算是彻彻底底报复了蒋余明一家。

"虽说事情是他先挑起来的，但是，你还是做得过头了。"

"你这个婆娘，胳膊肘竟然往外拐！"李跃进听到老妮儿的话

更是怒火中烧，他举起巴掌扇向钟悠嬝。

看到母亲被打，李喜弟下了桌子，从后面冲过来抱住父亲的手臂："爸爸，您不要这样！妈妈没有错。"

"你妈没有错？难道老子错了？"李跃进心中还不解气，转身一脚，将儿子踢倒在地。

李喜弟顿时感到腰间一阵钻心的剧痛，额头上渗出汗珠。他挣扎着想要爬起来，却没有能够做到。钟悠嬝流着泪将儿子扶起来坐在板凳上，对丈夫吼道："你有气冲我撒，打儿子算什么本事？"

看着儿子痛苦的神情，李跃进一时无语。

"爸爸，我想问问您：当年，是不是您斗过莲梅姐的三个哥哥？"李喜弟猛地想起不久前班长说过的话来，蜷着身子望着父亲，忍不住抖搂出了心中的疑问，急切地想要弄清楚这个答案。

他的话刚出口，钟悠嬝害怕再次激怒丈夫，赶紧制止道："儿啊，那些陈芝麻烂谷子的事与你们小娃娃无关，你就别过问了！"

"斗过他们的人可多了，这主要还得怪'四人帮'。"李跃进毫不在意地回应了儿子，同时又瞪了母子二人一眼，高声说道："李喜弟，老子警告你——这件事就别再提了，再提的话，看老子不打断你的腿！从今天起，一天不准吃饭！"

"不吃就不吃！"李喜弟也觉得有些憋屈，心里很不服气。

听到儿子的话，李跃进也没有回头，悻悻踹门而去。

钟悠嬝等丈夫走后，拿纸给儿子擦过汗，又撩起儿子的衣服，发现儿子腰杆上冒出一大块污青肿胀的包来，并流出了血，心疼得赶紧去拿了片伤湿膏来给儿子贴上："这个老汉儿太狠心了！""妈，没事。"李喜弟吃力地摆摆手。

过了一阵，钟悠嬝将菜端上了桌子，李喜弟给母亲盛饭后进了自己的寝室，果真一口也没吃，母亲劝说也无用。李喜弟连续三顿没有吃饭……

不一会儿，李喜弟就把傅大勇布置的作业完成了，距离下课还有一二十分钟。傅大勇检查完李喜弟的作业，喜上眉梢，用红笔画了几个大大的钩，并向喜弟竖起了大拇指。李喜弟得到许可后，就蹑手蹑脚推开门，出了教室来到操场。

到了操场的李喜弟，望天高云淡，河风拂面；樟树青青，芦花灿烂。他顿时心情大好，伸长了双臂，深深地吸了几口新鲜空气。然后，闭上双眼，陶醉于天地之间。

初一有个班正在上体育课，有两队男生在打篮球。

李喜弟漫不经心地在操场边走了一圈后，来到河边。他选了一块稍平整的地方坐了下来，摸出裤袋里装的英语单词卡片，开始背诵。正认真背诵着，突然觉得一团黑乎乎的东西从他头顶飞过，"扑通"一声落入河中。他惊了一跳，一下子站了起来，顺着声响望去，只见一个篮球在河中漂浮着。他笑了：这不知是哪一个劲大的家伙把球给撞飞了！这种事，在学校已司空见惯了。

于是乎，他迅速地脱了外衣，一个蛙跳，到了河里。他也记不清有多少次下河捡球了。但这一次，他感到很费劲，便换了一种姿势——仰泳，感觉游了好一阵子才到了河中央，将篮球托住，一使劲猛地一甩，篮球飞到岸边又无力地滑到水里。他游过去，再竭尽全力一甩，球到了岸上。

李喜弟爬上河岸，喘了几口气，觉得有点头昏脑涨的。他慢慢走到寝室换上衣服，踉踉跄跄来到河边，突然腰部一阵剧痛让他无力地蹲下身子，刚坐下时，又听到有人喊："糟了，球又掉到河里了！"

李喜弟转身望去，只见刚捞上来的那个篮球已顺水向下游漂去。他深深吸了一口气，一个猛子扎下去……这一次，他再也没浮出水面。

打篮球的学生们等了一阵，没发现李喜弟的身影。大家不约

而同地惊呼起来:"糟了,糟了!""人遭淹倒了!人遭淹倒了!"

有人认得李喜弟,忙跑到教室,告诉了傅大勇,傅大勇心知遭劫,立即向王德立做了汇报。王德立当即安排人打捞。全校师生都出动了。附近的几个船工摇着小船向河的下游划去。芦溪河的两岸站满了师生和附近的群众,焦急的目光在河面上搜寻,终于在距离学校河段两公里处发现了李喜弟的尸体。一个老船工忍不住落泪了:"这一定是个爱读书的娃儿,你们看,他死的时候脑壳都是向着学校方向的。一般情况下,脑壳重腿脚轻,脑壳应该是朝下游的……"

傅大勇刚叙述完,李喜弟的母亲钟悠嬷赶到了。这是一个精干的妇女,一头短发,身手利索。她一来,首先握住高源的手,又握住傅大勇的手,连连说:"感谢老师对我家喜弟的关心!"

"大姐,你要节哀呀!真没想到会发生这样的事……"高源心里有一种说不出的悲伤。

"高老师,这事与学校无关。喜弟之死,真是报应啊!当年他的老汉儿做了亏心事,害了莲梅一家。没想到,竟会报应到娃儿的身上啊!"钟悠嬷蹒跚着走向自己的儿子,俯身摸着喜弟的脸说,喜弟儿,妈来了。意外的是,钟悠嬷解开喜弟的上衣,让高源看。一块比鹅蛋大的肿胀的黑色包块,在喜弟腰下面凸显着。大家一见一惊,问是咋啦。钟悠嬷说,我嫁了个心胸狭窄、内心阴暗、报复心强的莽夫,他整起人来心毒啊!

人们都感到钟悠嬷很奇怪,虽然满脸都是泪水,但她的泪水像冰冻过的雨,一点温度都没有,说话很平静。稍后,钟悠嬷提起那段李蒋两家结仇的心酸往事。

后来,尽管听说两家的孩子在同一个班读书,但为了不影响孩子间的关系,为了不影响孩子们的学习,双方家长倒也没提及过此事。只是钟悠嬷常常对此事耿耿于怀,上次听说蒋莲梅出嫁，鉴于两家有旧仇，不便于前往恭贺，于是叫儿子赶礼，却不料惹得丈夫恼羞成怒，竟然对儿子也痛下杀手……

听完李喜弟母亲简单的叙述，高源劝慰道："大姐，过去的事过了就了了。李喜弟同学是你的好儿子，他是一个英雄，是先进团员，我们要为他开追悼会。"

"谢谢老师对我家喜弟的关心教育！"钟悠嫒转身再次握住高源的手。说罢她弯下身子，从头到脚轻轻地抚摸着，喃喃地说道："儿呀，妈带你回家……"

王德立安排人从医院借来担架，何明遐、张晓天和几个班干部护送李喜弟的遗体回家。

当天晚上，学校开了一个临时会议。高源首先陈述道："体育委员李喜弟，学习勤奋，乐于助人，表现突出。他的游泳本领强，曾在初二时获得过全县蛙泳亚军，还下河救起过两名落水同学。这次，为打捞落入河中的集体财产不幸牺牲。为了表彰他这种舍己为公的精神，特建议上报乡团委，追认李喜弟为'优秀共青团员'。"

王德立就高源提出追认李喜弟为全乡"优秀共青团员"称号的建议要大家进行讨论，教师们七嘴八舌地议论开了。很多教师表示赞同，但贾成功提出了异议："追认李喜弟为乡'优秀共青团员'，本来应是大家的心愿，可是如果报上去，会不会有人追问他是在什么时间牺牲的？本来，李喜弟出事前正在教室里上课，但他却出了教室，后来就发生了那样的事。严格地说，这是我们学校的管理出了问题。我建议，即使追认，也就局限在学校里。"他说完后，瞟了傅大勇一眼。

贾成功的话语立刻让办公室的气氛变得沉闷起来，许多人都默不作声。高源明白贾成功此时此刻是言有所指的，那就是傅大勇的课堂管理出了问题，才导致这件事的发生。傅大勇开始一直垂着头，他听完贾成功的话后，抬头看了高源一眼。高源感觉到傅大勇的目光中夹杂着渴望和祈求，他深知，傅大勇面临的压力有多大。作为班主任，他在这种场合要表明他的态度，否则，他带的这个团队就有可能散架。

"王校长，赵校长，贾主任，各位老师，如果要说到发生这件事的根本原因，那应当是学校办学条件差，连围墙都没有。况且，傅大勇老师那种激励式教育是我们班提倡的，是无可厚非的。只是学生在完成学习任务后，是否能在上课时间走出教室这一点，可以商榷。"

赵琼副校长接过高源的话头说道："王校长，各位同事，我想今天我们在这里不是要讨论课堂管理改革的问题。如果要说进行课堂改革，不也允许失败的吗？再说，操场挨着河，外面无围墙，球掉进河里是难以避免的。况且，篮球掉进了河里，总要把它捞起来吧！李喜弟同学虽然在上课期间出了教室，却是在完成课堂学习任务后出去的，并且不是私自下河游泳而丧生。他表现优秀，大家有目共睹，若授予他乡'优秀共青团员'的荣誉称号，也是当之无愧的。我们这样做，对死者是一种祭奠；对生者，也是一种激励嘛。对一个团体，对一个地区，对一个社会，树立正气，是第一位的。因为正气代表社会良心，代表社会前进的方向。我们不能一味地搞平衡，平衡是一种应急的权术，不是发展的根本。"

高源听了赵琼的发言，有点吃惊。同时在心里骂了一句，那个傻子，你不娶赵琼当妻子，是你们家族的损失。高源又冒出一个不好的念头，有了赵琼刚才讲的话，王德立校长可以退休了。

赵琼副校长发表了自己的意见后，付正平发言道："我赞成赵校长的说法。"其他人暂没表态，众人将目光投向王德立。

王德立环顾了办公室一圈，带着沉痛的语气讲道："老师们，李喜弟同学不幸牺牲，我和大家一样感到难过。如果说要追究责任的话，我也有责任。那么优秀的一个学生，我没有保护好。说不定，明年，我们就少了一个中师（中专）生！"说到这里，他停顿了一下，接着说道："这事不能怪大家。在座的老师们，你们是很优秀的，值得我王德立一生敬重！

"现在我们国家还不富裕，教育投入也不够。最刺激我的一件事是三年前我刚任正校长时，一个分配到我校的女老师不愿留在我们学校工作的情景。那年八月的一个雨天，一个年轻漂亮的女老师在她母亲的陪同下到学校来报到。她到校就对我说：王校长，我打听了很多人，他们都不知道芦溪中学在哪里，我查了地图才知道有这个学校，转了几趟车才来到这里。后来，她说想熟悉一下学校的环境，于是我带着她们在校园走一圈。当转到外操场时，发现经过一个暑期的操场已是遍地泥泞，杂草丛生。此时，那个女老师突然一下子跪在地上大哭起来，说，就是不要工作也不会到这么落后的地方来教书！哭完后，站起来拉着她母亲就离开了学校，自此再无音信。

"至今，我们的办学条件仍然没有多大的改变，就连办公室也只有两间：一个小间办公室做了后勤办公，然后是我们干部、老师合坐在这一间办公室里。尽管如此，老师们还是一如既往兢兢业业地为这里偏僻的乡村学生奉献自己的青春和才智。这件事，我看就这么办：追认李喜弟为'优秀共青团员'的活动就局限在校园内，也不再上报，以免节外生枝。为教育和激励初三毕业学生，我同意高老师会前提出的建议，组织他本班的学生去给李喜弟开一个追悼会。同时，我再宣布一条规定，以后，凡是再发生球掉进河中的一类事情，任何师生均不得随便下河打捞。要组织统一打捞。一个球和一条人命相比，孰轻孰重，无须多说。我的话讲完了，同意的请举手！"校长的话言简意赅，算是为此事件定了调。十几双手缓缓地全都举了起来。

傅大勇对会议结果感到很满意，他心中的石头落下了，感激地看了王德立、赵琼和高源一眼。这以后的半年多时间里，傅大勇再也没有打过篮球。

高源尽管对这个结果基本感到满意，但是他的心情却是异常的沉重，甚至有一种快要窒息的感觉。一个好学生，一个游泳健将，竟被他愚蠢透顶的莽夫父亲踢伤。喜弟要不是受了那么重的伤，被饿了一天饭，怎么会被淹死！没有文化的人，一旦不计后果地做傻事，结果真的让人难以接受。这个狼心狗肺的东西，毒如蛇蝎。他整死人家蒋家三个小娃娃，手和心都从来没有软过。常言道，虎毒不食子，他竟然连自己的孩子都往死里踢，哪里还有半点人性，哪里还配活在人世上？

散会后，他疾步走出办公室，独自默默地向河边走去。李喜弟的音容笑貌一直萦绕在他的脑海里，他的耳边徐徐响起了他今年春天自己作词作曲的《我们在校园里》的歌声：

春风里，我们在一起，种下小树苗，长成参天志。

清清河水，彤彤红日，陪伴我们努力努力。

校园里，我们在一起，立下报国愿，展翅九万里。

琅琅书声，串串笑语，怎能忘记，怎能忘记？

此情此景，他有一种异样的感觉：往日轻松抒情的旋律为什么今天变得那么凝重而哀怨？止不住的泪水在他脸上流淌……

"高老师——高老师——"他恍惚觉得李喜弟正微笑着向他走来……

"高老师——高老师——"一道电光闪来，高源又听到有一群人在喊他，他才回过神来：原来是江玉春、何明逼、胡云秋、繁卫东和漆连仁他们几个人来找他。今天的晚自习，没有往日的心境，大家度日如年地熬到下课。江玉春想找班主任聊聊，却不见高源人影。听何明进老师说，看见高源去河边了。她不放心，便约了几个住校的同学寻来。

"哦，是你们几个！下课了？那就早点休息吧！"高源赶紧拭去泪水。

"高老师，您也早点休息吧！"

"好的。谢谢你们！"

师生一起回到校园。

4.

野 炊

一个事件，像一个冬季的大雾，总是徘徊着赖着不肯走。

给李喜弟开完追悼会后，全班同学化悲痛为力量，学业上的钻劲更足了。但是，教室里的笑声像草地里零零星星的小花，少了。为了尽快消除李喜弟牺牲后出现的一丝阴郁之气，高源召开班委会，决定远离学校搞一次野炊活动。高源到乡政府借来一本气象日历，选定了时间，地点为距离学校五公里外的九股泉水库。学生们推荐了几道菜，确定了简单的菜谱。

星期六早晨上学时间，班委带上借来的一条粗大纤绳、班上勤工俭学所得买来的四副羽毛球拍，邀请了班上的科任老师，大家一起向野炊目的地进发。此次活动较为圆满，各野炊小组搞了菜肴评比，还搞了登山、拔河和羽毛球比赛，学生们的情绪很活跃。活动中，贾成功和高源都发现了一个问题：班上还缺少一个人——漆连仁没有参加。当时，他们都没有吱声，贾成功叫高源下来好好调查一下这件事。

赵琼给高源碰一个杯，对高源说，今天请你，让你放松一下，解解压。生命无常，你要想得开。另外，你认为李喜弟的真正死因是什么？

高源说，水淹死的，都知道的。

赵琼说，我不是问这个。

高源说，我今天只知道，喜弟的寿命太短。人世间的真相，不是你我能说得清楚的。往往是，我们以为对的答案，还真是错的。

赵琼说，你这话很有禅意。

高源说，面对你，我想说真话。不想说那些表面的缘由。喜弟走了，我骂过，哭过，恨过。但是，我，我是没有力量回天的。每个人有每个人的命运，虽然命运可以改变，但人们通常不知道怎么去改命。

赵琼说，你指点一下我呢。

高源说，可以。你长得这么漂亮迷人，可以说人见人爱。知道大家怎么评价你吗？校花。大家常喜悦地说，赵校长是真正的校花。那些赞美你的人，口水都要流出来了。你，集美貌、性感、才华、灵气于一身，对每一个男人，你都是一个迷魂阵。见了你，不东想西想的男人，大约是不正常的。但是，貌若天仙的你，一样被人拒绝。为什么呢？你遇到傻子了呀。那个人我没见过，但可以肯定，他定是那种智商很高、情商为零的蠢货。哦，请原谅我这样评价他。这种人认为，妻子，只有两个作用，一是生娃娃，传宗接代；二是门面，附带是一个性伙伴。他们内心深处是不相信爱情的，更不会承认世上有什么叫爱情的东西。

突然，赵琼撕心裂肺地大笑起来……

星期一一大早，贾成功刚从外面跑步回来，就见漆连仁走进校园。他连忙把漆连仁叫住："漆连仁，班上搞野炊时，你跑到哪里去了？"听这一问，漆连仁的眼泪忍不住掉下来："贾主任，我……我……"

原来，班上学生在自由组合野炊小组时，漆连仁选到了江玉春组，开始江玉春也同意。可是，小组的其他三个人不乐意，他们嫌漆连仁又矮又黑，成绩又差。江玉春只得劝漆连仁到别的组，漆连仁一气之下索性哪个组也不参加了。

"嫌贫爱富，太不像话了！太不像话了！"贾成功气得直跺脚，他又安慰漆连仁说："你去上自习，我来教训那几个人。"

"漆连仁没参加野炊是怎么回事？江玉春，亏你还是个班长，怎么能嫌贫爱富呢?"江玉春刚到教室时，就被贾成功叫到办公室训了一通。

"我没有。"江玉春不服气。

"你还在狡辩！同学间要团结帮助，相互友爱，如果这点你都做不到，还配当什么班长呢？"贾成功有点火冒三丈。

"不当就不当！"江玉春不知哪股邪劲儿上来了，顶撞了贾成功一句。

"什么？你竟然是这种态度！到你班主任那儿说清楚，否则，就不要上课……"江玉春还是学校的"三好学生"，贾成功没想到她会冒犯自己，气极了。

江玉春没有再说话，泪水止不住涌出来。

这时，高源来到办公室，了解到情况后，就对贾成功说道："贾主任，你放心，我来处理这件事。"

"太不像话了！做错了事还不知悔改。一定要刹刹这种嚣张气焰，不管她是谁！"贾成功在高源领着江玉春出了办公室后还撂下一句。

在花园的一条石凳坐下后，高源递了一张纸给江玉春："把泪擦了。"看着江玉春默默擦着泪水，高源心想，江玉春今天的表现是有点异常，但绝对不能给这些纯真的孩子扣上一顶毫无意义且不切实际的大帽子。学生的可塑性强，教育本来就具有反复性，不可能一蹴而就。野炊的事，况且主要责任不在她。

想到这里，他问江玉春："玉春，你今天怎么会惹贾主任发脾气呢?"

"高老师,您不知道,贾主任没了解事情的真相,不分青红皂白一见到我就横加指责,冤枉我,让人受不了!"江玉春一副委屈的模样。

"玉春,今天贾主任的语言虽然有些过激,但他高标准严要求,出发点是对的。他毕竟是老师,是长者,做学生的起码要懂得尊敬。你也冲动了一点。以后,凡事要三思而后行。"

见江玉春默不出声后,高源又说道:"你还记得我给你们讲过的北师大教授李燕杰关于塑造美的心灵的演讲吗?"江玉春点了点头。

高源接着说道:"李燕杰教授的演讲,主要讲了培养'真善美'的思想。同情心是一个人应该具有的最起码的品质。如果一个人失掉了本真,没有同情弱者的善良,内心不美,做人还有什么价值呢?我不想野炊那样的事再发生在我们班上。玉春,你自己去和你那个小组的人商量一下,怎么来弥补一下这件事吧!"

"谢谢高老师,我知道了。"江玉春低下头,声音也低了。

"下来,你要想办法把这两件事处理好。不过,对这两件事,你都不要背思想包袱。"

"嗯。"班主任的一席话让江玉春的心情舒缓了一些。

课间操时,江玉春向贾成功写了一份检讨书。

下午,高源去区邮电所寄了两封信。刚回校门口时,就听小卖部的人说,有个子弟校的学生来打班上的戴老师了。他一急,把自行车往小卖部的墙边一架,就一阵小跑冲向教室。

高源赶到教室时,看到手臂被抓伤的戴老师被几个学生护坐在椅子上。一个剃了光头的小青年正在和比他高一个头的何明遐厮打,光头额上冒出个青包,何明遐嘴角渗出了血。

"住手! 我是班主任。"高源大喝一声,冲上前,双手奋力一拉,光头与何明遐两人都立在了他的两边。光头怔住了:这个比自己矮的老师竟有这么大的劲！何明遐虽然也觉得有些惊讶，但知道高老师一直在锻炼，在打沙袋。

"戴老师，您没事吧？"高源走到戴小敏面前关切地问道。

"没什么。只是没想到是我对学生管得太严了？"戴小敏很感激，又觉得委屈。

"戴老师，您别急，我来处理这件事。"

高源转过头来看着班长问道："这是怎么一回事？"

江玉春简单叙述了事情发生的原委：原来，这个光头叫"鲁平"，是鲁嫒嫒的哥。鲁平初中肄业后在家待业，近来闲着无事。数学老师戴小敏因鲁嫒嫒没完成作业，便罚她在作业本上抄了一篇公式定理。他听说后很不服气，就来到学校为妹妹"打抱不平"了。

高源转身面对鲁平说："要打人可以冲我来。戴老师一者是女的，二者是我班科任老师。我是班主任，有什么事情，我来处理。如果说有错的话，那就是我不该接收你妹妹！"话刚说出口，他觉得有点不妥，马上话锋一转，"其实，你妹妹也是一个优秀的人，人长得美丽，心地也善良，常常帮助班上的同学。如果她在学习上再增加一点刻苦精神，那她应该是很不错的！"

听到这里，原先坐在教室最后排的鲁嫒嫒缓步来到高源面前，哭泣着说："高老师，我错了！对不起您！对不起戴老师！也对不起大家！"她说着，转身给了她哥当胸一拳："是谁叫你来捣乱的！""妹子，我是怕有人欺负你！"鲁平辩解道。"我在这儿好好的，谁说我受欺负了！""咚——"又是一拳。

"好了。这件事先这么办：江玉春，你找两个同学一起送戴老师到医院检查一下，何明遐也一同去检查。鲁嫒嫒、鲁平随我到办公室。其余人各自做自己的事吧。"

"高老师，需不需要报派出所？这个家伙也太猖狂了，怎么胆敢跑到学校来闹事！"这时，贾成功听说此事后跑来了，很气愤地说道。

"贾主任，这件事情事出有因，只要他的态度好，可以给他一次机会，大事化小吧。"

"好吧，有事就赶快叫人来报告。"

"好的，谢谢贾主任！"

鲁媛媛原本是坐落于芦溪乡的星光厂子弟校的一名学生，去年就该念初三了，因成绩差，上学常迟到，就被学校开除了。离校半年后痛定思痛，决定再到学校好好读书，可子弟校担心影响学校的升学率，竟坚决不再收她了，这一来又耽误了一学期。其父是厂里的一名司机，方会计托他在运货返空时，帮助芦溪中学拉过几次教材书本和一些办公器材。这么一来二往，便跟王校长有些熟了。鲁父又曾托人给王校长搞到过一辆跑车型凤凰牌自行车的提货票，因此，王校长托不过人情，便答应其女鲁媛媛转学到芦溪中学来。

"老师们，我们要转变人才观。大家晓得，十年前我当班主任时，一个名叫袁德强的学生犯了错，把锁学校铁门的大铁锁偷出去当废品卖，去买了棒棒糖吃。当时老校长气得七窍生烟，真想把他开除了事。还是我保了他，及时对他进行了一番教育。曾经受到我们原谅的袁德强同学坚持把初中念完，后来，经过努力，他成为废品收购公司经理。去年寒假前，亲自来学校感谢老师们当年对他的教育，特地给每个老师送了一盒一级花茶。今年教师节，还破费给学校装了一部电话。这不简单啊，安装电话的费用是我们一个教师将近五六年的工资收入啊！听说这件事，连老校长也高兴得连连说道：'浪子回头金不换。'这学期，星光厂子弟校要转一个学生过来读初三。有老师说，宁愿不要几十元的转学费，也不接收子弟校都不想收的学生，这可以理解。但是，我们除了要和周边的兄弟学校搞好关系，扩大我们的名声，也要考虑教育的公益性，任何一个学生将来都是要从'学校人'变成'社会人'的。我们除了要培育科学家和各行业优秀人才的苗子，还要为社会主义建设培养更多普通的合格的劳动者。所以，我们不能拒绝任何一个愿意到学校来读书的学生。"在开学前的工作会上，王德立为是否接受鲁媛媛就读一事发表自己的见解。

听完校长的讲话，袁华首先表示反对："说得轻巧，捡根灯草。我班是不收这种学生的。一般子弟校都不要的学生，一定有点儿飞，可能像有些街娃儿一样被娇惯坏了，仗恃家庭条件好却不守规矩。我班上百分之百的都是贫下中农的子女，免得把班上的人带坏了，还无法向家长交代。如果硬是要安排到我班上，那这个班主任谁愿当谁就当，反正我就不当了！"

袁华表明态度后，王德立的目光移向高源，初三就只有两个班，既然二班班主任已经摊牌，那就唯有看一班能否考虑接受转学的鲁媛媛？

说实在的，谁都喜欢乖娃娃。可是，不可能所有的娃娃都一样乖。"十根手指有长有短，泥鳅不可能拉得跟黄鳝一样长。"高源耳边响起了父亲曾说过的这句话。"龙生九子，各有不同"。他又想到山上的九龙图，我们新时代的教师连传说中的龙王都不如吗？我们学校现在办学条件差，招生计划人数也少，不少学生小学毕业就流向社会了，只有一半多点的学生能考上初中继续读书。像鲁媛媛这样的学生，如果不能继续留在学校就读，就只能在家待业或是到社会上去漂。因为居民户口的学生必须持有初中毕业证才有资格去考技校或参加招工考试。果真失学了，那对个人或对社会都是无益的。教育是博爱的事业，天下的学生由教师管。任何地方的任何学生，教师都应给予关心。只是她到班上后，老师和班委可能要多费一点心思去管理和帮助她学习了。两害相较取其轻。想到这里，他表了态："我赞同一个观点，那就是：凡是走私贩毒都要反对，那是祸国殃民违法犯罪的事情；凡是参军和读书都应给予支持，因为参军和读书都是利国利民的头等好事。王校长，我看这样吧——先安排到我班上再说。"

高源应承后，王德立如释重负："好吧，先这样，有困难随时可以提出来。"

鲁媛媛个子高挑，有一米六五左右，长得红润白净，模样俊美。

最初，到高源班上的第一周，鲁媛媛也迟到过两次。她很不习惯每天上学还要走半个小时的路，曾经读过的学校就在家门口。后来在班委的帮助下，她每天都提前到校了。一个月后，她和这学期到初三·一班的同学都收到了班主任亲自制作书写的"优胜卡"。

"优胜卡"由高源用楷、行、隶三种字体书写，由编号、姓名、优点、成绩录、班主任寄语等几部分组成。高源买来较厚的图画纸，裁成 16 开的纸张，作为卡片。鲁媛媛的"优胜卡"编号为 48，优点："善良，自尊心强，爱美，上进。有集体观念，有荣誉思想。"班主任寄语："1. 做一个心灵美、外表美、受人欢迎的人；2. 朝着自己的目标努力奋斗；3. 让知识装点青春，让学问丰富人生。"

鲁媛媛手捧"优胜卡"感动良久，每天都要看几遍。自从鲁媛媛有了"优胜卡"，似乎变了一个人，学习兴趣也增加了。她对老师很有礼貌，和同学也相处得好。她人长得漂亮，也不娇气，平时爱带一些零食到校来，分给大家吃，还给经济上有困难的同学送一些衣物和文具，这些都讨同学们喜欢，就是学习上有些吃力，数学、物理的作业常常完不成。高源不时地安排班干部给她辅导。

昨天，她的数学作业有一半的作业题没完成，所以被戴老师罚了。她哥听说了，以为老师欺负人，就跑来学校兴师问罪。

"如果想要你的妹妹继续在这儿读下去，那你就得做到三点：

一是向戴老师道歉，二是承担戴老师的医药费，三是保证不再发生此类事件。"高源对鲁平约法三章。

"那我的伤呢？"鲁平还有点儿不服气。

"你的伤你自己负责。按理说，何明遐的伤你也该负责，他保护教师安全是正当行为。对于你，按贾主任说法，报不报派出所，我再考虑一下。"高源毫不客气地对鲁平说道。

"我求求你们饶过我这一次！我再也不敢了！戴老师和那个同学的医药费我全部承担！"听了高源的意见后，鲁平的表现出乎意料，他急忙求饶，一下子就要跪下去。

高源赶紧将他扶住："不要这样！如果你诚心要改正，也不必如此。"看着鲁平的眼神，倒也不像是在演戏，于是趁势说道："这件事，你做得太鲁莽了！一个人要对自己的一言一行负责，犯了错就该受到处罚。如果一个人做错了事却毫无内疚感、畏惧感，而社会和旁人也听之任之，那结果对谁都是一种灾难。戴老师是学校的优秀老师，你妹妹没完成作业，她严格要求你妹妹，给予适当的惩戒，那是对你妹妹负责的表现。你不但不记人家的恩情，反而心生怨恨，真让人感到心寒……"高源一席话，说得鲁平不停地点头。看到预期效果已经达到，高源的语气也缓和了："今天的事就到此为止，暂不惊动派出所了。你先去医院检查一下，再回去写份检讨，有事再和你联系。"鲁平恭恭敬敬地向高源行了一个鞠躬礼："谢谢！谢谢！"

说完鲁平，高源又回头看着鲁媛媛："这件事，你是什么态度？"

鲁媛媛低着头说："这件事是因我而起的。我也有错。我向戴老师写检讨，向全班同学检讨！我感谢老师原谅我哥了。"

第二天，鲁司机带着儿女提着一大包水果和饼干来学校，向戴老师当面道歉，并支付了十几元的医疗费，鲁平亲自将他写的检讨书贴在校门内侧。

这一风波就算平息。袁华听说此事后，感到有些庆幸："好在我班没有接收鲁媛媛，否则也会给我找麻烦！其实，应该趁机将她开除，家长也打不出什么喷嚏来，以免今后又出现什么差池。这样处理得太轻了。"可王德立称赞此事处理得当："教育要真正成为助人进步、给人幸福的事业。一件事处理得不恰当，就可能影响到一个人的一生。多点包容，多给机会，就能给人成长的空间。"

转眼又是星期六。刚放学，江玉春拿着四本作业本来到办公室："高老师，我们几个人把班规抄了两遍。另外，我们商量好了，准备明天去补搞一次野炊。"

高源想了一下，说道："我建议下周半期考试结束后再去吧！星期一就要考试了，明天还是回家认真复习一下，不可大意。""好的。我去通知他们。"江玉春点点头走了。

星期三，各科考试都结束了。高源从寝室出来，看见江玉春和胡云秋一同从办公室走出来，胡云秋耷拉着脑袋，好像满腹委屈似的。

"出了什么事了吗？""秋秋被贾主任训了一顿。""化学考了多少分？""九十八。""九十八？不错啊。""高老师，不是这回事，是贾老师埋怨秋秋平时把化学试卷拿给民中的同学们看了。"

江玉春所说的"民中"就是指人民群众集体建办的中学，是地方政府所办，教师工资均是地方集体自筹，不纳入县财政预算开支。当时，由于公办学校办学条件限制，招生人数有限，于是，当地政府就兴办民中来作为一种补充，最大限度地满足老百姓对教育的需求。集体民办中学的教师没有事业编制。芦溪乡民中的师资由民办教师和代课教师组成，其中有"大跃进"困难时期精简回家的中专生、"文化大革命"前的高中生和现在没考上大学的高中生组成。相当一部分教师的思想素质和业务素质都较强。民办学校的生源主要来自没考上公办学校的学生,文化基础相对公办的学生差一些。尽管公办、民办双方师生文化程度有差异,但是每年统考和升学考试后,都要暗自比较一番。近年来,芦溪乡民中的教学质量连年攀升。王德立和贾成功在会上多次提醒大家要有危机感,绝对不能在教育教学方面输给民中,否则,就太没面子了。所以,平时区县组织的教研会,如果没怎么要求,公办中学就很少通知民中参加,公办、民办学校也很少进行教学交流研讨。

高源清楚地记得那一场有关"公办、民办"的争论——贾成功在会上旁敲侧击地讲道:"我们有的公办教师自以为了不起,常常毫无保留地把试卷透露出去,这是不是在炫耀自己的水平高呢?"高源却坚持自己的意见:"我们自己制作的试卷又不是国家机密件,为什么不能拿出来交流呢?天下教育是一家。如果我们要搞门禁,搞画地为牢,那不是倒退,那不是荒唐吗?况且,本乡的公办、民办学生,原来在读小学时,就有不少人是朝夕相处的。现在要人为地将他们阻隔开来,不是让他们觉得我们为人太不仗义了吗?以后我们还怎么能自圆其说,还怎么去教育说服他们!再退一步来讲,民中的学生升学时多考几个,那还不是整个芦溪乡的光荣。况且,民中也有相当一部分学生肯学善学,公办和民办学生相互交流、相互帮助、相互竞争、取长补短,对学生的成长发展也是有百益而无一害的啊!"

高源明白,现在对学生互帮互助要肯定,但也不好当着学生的面说贾成功的不是。于是,叫上她们到河边走走。在了解到她们与民中同学相处的情况后,建议她们以后对待民中的同学还是要热情大方,加强学习交流。他说:"《礼记·学记》说过——'独学而无友,则孤陋而寡闻。'只要认为对的就去做,多做少说或是只做不说。平时时间紧，就少来往，以免相互影响，等到星期天休息时，就可以多走动，彼此在学习、生活、思想等方面进行探讨，争取有更多的收获。""谢谢高老师，我们知道怎么做了。"望着两个学生离去的轻盈步子，高源心里舒坦了，转身向办公室走去。

星期日的早晨，江玉春、漆连仁和原来同一个野炊小组的同学带着准备好的东西来到学校，准备去相距学校十公里的三娥山补搞一次野炊，他们特邀班主任参加。

正逢高源的女友林婧到学校来看高源。"这位是林老师，是我的女朋友，在江溪小学教书。"高源向学生们介绍道。"林老师好！我们想请您参加我们的野炊活动。"江玉春很乖巧地说道。林婧看看高源，高源笑了："你看学生们多可爱，你就别冷了他们的心吧！""好的，谢谢同学们！"林婧双眸含笑。

高源骑车搭载林婧，学生们骑上自行车，野炊队伍向着目的地驶去。

几分钟后，高源看到前面的学生停了车，也刹车下来看个究竟。原来是贾先和骑的车脱链了。只见漆连仁到贾先和的车旁看了看："哦，看嘛，是链子上的油多了点，加上链子有些松，如果蹬车时用力不均匀，就容易脱链。"他说完，快步走到他那辆有点破旧的自行车旁，从车后架上挂的一个布包里拿出一把螺丝刀、一把扳手和一张布巾来，三下五除二捣搞了几下就弄好了。

约莫一个小时，大家到达了三娥山。

三娥山又叫仙女山，风景秀丽，有三个山形，貌似女子，人称天女下凡。传说天上的王母娘娘有七个女儿，其中大半女儿都到凡间生活过。她的三个女儿来到凡间后，十分留恋人间的生活，不愿返回天庭，为了永远留在人间，均化作三座秀美的名山。一仙女化作大娥山，即乐山境内的峨眉山；二仙女化作二娥山，在仁寿县境内；三仙女化作三娥山，在彭山县境内。三娥山上，还有一处著名的景点——彭祖墓。

一条石径通向三娥山山顶，石径两旁古树参天。沿途有不少货摊和铺子，不少游人慢慢向山上走去。同学们在半山腰停下来，道路右边有一口堰塘，五六亩。堰塘水清澈见底，水中游鱼清晰可见。大家把车推到堤埂上，漆连仁麻利地搬下锅铲等炊具，众人也七手八脚地拿下油米、肉食、蔬菜。

谢红苣手握小锄头开始挖灶，刚挖了几下，漆连仁过来了："听我说好不好嘛，灶口要斜一点，不能正对着北方，万一北方的风吹来，火容易被吹熄，还有就是会产生大量的烟尘，会薰得大家受不了的。"于是，按照他的建议，灶口向西挪了一大角。接着，漆连仁挖了一口小灶，安放一口锅，放上蒸格准备煮饭。这小子今天特别卖力，他心里高兴着呢。

这时，高源和林婧抱了一大捆枯枝回来了。"高老师，林老师，你们快休息一下吧！"江玉春和漆连仁忙起身迎了上去，接过高源他们手中的柴火。"没事，没事！"高源看了林婧一眼，又像是自言自语地说："现在，我们又该做点什么呢？"几个学生异口同声地说："你们休息吧。""那我们切菜吧。"林婧笑了笑，主动提议道。高源应了声："好的。"

按原来野炊小组的分工，漆连仁负责带一口炒锅和一口饭锅。在灶上放炒锅时，谢红苣看见是一个底部用铝铁皮补过的瓷盆，十分惊讶地问漆连仁："你，怎么带的这个？"

听到谢红苣的问话后，有人小声地议论开来。

"我……我……我真不该……我对不起大家！你们听我说好不好嘛？"漆连仁嗫嚅着。原来，他家里只有一口铁锅，因为他母亲生病在家，怕母亲做饭不方便，就只好把铁锅留在家里。漆连仁环视家中，看见只有这个用铝铁皮补了盆底的瓷盆还可以将就当锅用，于是就带来了。

江玉春得知情况后，看了漆连仁一眼，对大家说道："别说了，我们学过的课文《老山界》里不是说，我们的红军先辈们在长征中经常用脸盆、饭盒子、茶缸煮饭吃，煮东西吃吗？这个铝铁底盆比原来红军部队用的脸盆好多啰！这盆子照常能当锅使，可以炒菜的。"

高源发现此事后，没有表态，他朝江玉春投去了赞许的目光。他认为江玉春这个娃娃，天生是当领导的材料。有机会时，一定帮帮这个娃娃。

大家不再谈论此事，各自忙着。漆连仁忙着生火，谢红苣、张晓天与贾先和三个人洗菜，高源和林婧切菜，江玉春掌勺，准备炒菜。刚炒第一道菜"莴笋肉片"时，高源问学生们："哪个晓得怎样提高这道菜的鲜味？"

张晓天说："把握好火候吧。"

"加泡海椒。"贾先和说。

"是不是要勾点芡粉呢？"谢红苣问道。

江玉春没有开腔，她不知道，但猜想老师的答案可能不是这个，便转向林婧："林老师，您肯定知道的。"

林婧笑道："你们说的都对，但你们高老师可能说的是，在起锅前，拍碎一个蒜，放进锅里，既能杀菌，又能起到增鲜的作用。你们试试看吧！"她自然知道，因为她吃过高源做的这道菜。

"班长，你快谢谢师傅的指点嘛！"漆连仁负责生火，他抬起头来对江玉春说。大家循声看去，都乐了，原来漆连仁不小心已将自己弄成一个花脸了……

吃完饭，漆连仁就忙着收拾东西。高源笑道："现在的'黄金翡翠'虽然昂贵，但大家不要把它们留在嘴里哟！""漱口漱口！"谢红苣大声说道。大家纷纷取碗在堰塘里舀水。

洗漱完毕，江玉春看了看大家，提议："我们搞半个小时的娱乐活动怎么样？"众人将目光投向高源。高源笑道："今天，我和林老师参加这次野炊小组活动，自然得听从组长的安排。""那我们每个人都要表演一个节目哈。""好!"大家鼓起掌来。

江玉春先拉着林婧合唱了一曲《年轻的朋友来相会》，二人甜美的歌喉吸引了众人，大家随着欢快的节奏拍起手来。

随后，高源讲了一个笑话，谢红苎跳了一支舞，贾先和与张晓天说了一段相声，漆连仁表演了一个哑剧……

歇了一会儿，贾先和、漆连仁和张晓天先将自行车和炊具寄放在一个摊主那里，便开始游山。高源和林婧走在前面，学生们跟在后面。沿途高大的树木在秋风中簌簌作响，似乎在欢迎这些登山的游客。

走到半山腰，江玉春看见了一个转糖饼画的摊子，摊主在打瞌睡，大概生意不好。她便提议道："高老师，我们歇一下吧。""才走了一半，你就走不动了?"看见高源他们停止了脚步回过头来，漆连仁不等老师开口，便问道。"不是，不是的。"江玉春边说边向老师跑过去，亲热地拉住林婧的手，"林老师，我们去转一下糖饼，好不好?"看着江玉春那明亮的眼睛中露出期待的神情，林婧点点头。她回望高源，高源笑着说："好嘞，大家都要动手转一转，看看自己的手气咋样，这个小活动，我来办招待。""谢谢林老师!""谢谢高老师!""别客气!""好，我先来!"张晓天挽起袖子。"让女同学先来嘛!"漆连仁拉了拉张晓天。张晓天乐了，不好意思地挠了一下头："哦，对对对，女士优先，男士靠边!"

此时，转糖饼画的摊子一下子就热闹起来了，摊主精神焕发，敏捷地用大笔般的汤勺舀起金墨般的糖汁，似游龙走蛇般绘出一幅幅精美的图案。一幅幅糖画栩栩如生，引来阵阵喝彩。

高源看了江玉春一眼，心里一阵感动：多么善良的学生啊，为了帮助做生意的糖画艺人，为了保护民间传统手工艺，为了支持旅游事业的发展，奉献了自己的一份爱心!

　　江玉春转到了一条龙，她高兴得跳了起来，掰下龙头，给高源。高源推辞说："谢谢！我宣布，个人转到的，自己留作纪念享用。""你还是把它吃了吧，变龙升天！"漆连仁对江玉春说完后，自己转得一个寿桃，他小心翼翼地拿着它，舍不得吃掉，他说要带回家去。

　　接着，大家又去参观了仙女庙和彭祖墓，仙女智救武王和彭祖归隐的传说给众人留下了较深的印象。不知不觉，夕阳西下。

　　返回途中，高源竟将自己的自行车右边的脚踏板蹬断了，幸好他反应快，及时刹车，双脚蹬地，龙头只晃动了一下，车便停住，林婧稳稳地下了车。"是不是我太重了？"林婧笑道。"怎么会呢？你再瘦一点，我可不答应。"高源也笑了。

　　学生们看见老师停车后，也纷纷聚拢过来。

　　"脚踏板断了，就没法骑了。"江玉春犯愁了，这里前不挨村，后不着店，且一路过来也没看见有修车的摊子。

　　"高老师，您骑我的车，您和林老师先走，我把您的车推回去修。"贾先和说道。

　　"那怎么行呢？你们明天还要上课！你们都早点回去，也免得父母担心。我还想和林老师浪漫一下，边走边说说情话，反正离学校也不是很远了。"高源自然不会先走，找了个托词。

　　林婧听了，会意地微笑着向几个学生点点头。她看见男友身穿一件米黄色夹克衫，脑中突然闪现出一个念头，赶紧向高源靠过去，大声对学生说道："同学们，你们看，我和高老师比，谁的个子高？"

　　"高老师略高一点。""大概高半个头。"学生们七嘴八舌地议论开了。

　　高源此时对女友的举动感到很愉悦，同时又有一丝费解。

　　林婧又大声说道："既然高老师在这里最高，那我们都听他的好不好？"

　　高源叫他们早点回去，林婧叫他们听高源的，见老师都这么说，学生们面面相觑，一时拿不定主意了。

　　此时，谢红莛看着漆连仁说："漆同学，你不是说过你跟生产队的一个修车师傅学过几招吗？"

　　"是嘛，让我来看看！"漆连仁蹲下身子，搬弄了几下，站起来，拍拍手："有办法了！"他把包里的工具拿来，把高源自行车左边的脚踏板拆卸下来装在右边的脚踏轴上，并对高源说："高老师，您知道蹬车主要是靠右脚用力嘛，左脚起一个辅助作用。这样子，就没有多大问题了。"

　　起初看似不易解决的难题，竟被漆连仁破解了。

　　林婧看着高源由衷地赞叹道："你的学生真聪明！"

　　"当然啦。谢谢你！漆连仁。"高源心里充满感动，他感激地看着漆连仁。

　　"厉害！真厉害！"不少人向漆连仁跷起了大拇指。

　　漆连仁不好意思，脸红了，心里却很高兴，连连说着"没什么"，疾步走向自己的车。

　　野炊后的第二天，江玉春拿着自己写周记的本子，交给了高源。原来，她根据这次野炊活动的感受写了一首诗——《野炊的锅》。

野炊的锅

　　　深秋的山野
　　　堰塘水也显得冷清

　　　一只补了铝片的瓷盆
　　　放在挖好的泥灶坑上
　　　周围的目光一惊
　　　随后又变得平静

晓得了
那唯一的铁锅留在了遥远的小山村
看见了
生病的大婶手里拿着刚煎起的麦饼

他说"我真不该……"
大家异口同声"别说别说……"
野炊的情趣
其实很多很多

熊熊火光
映红了一张张笑脸
袅袅炊烟
带着一曲曲欢歌飘向蓝天

　　高源看后，心里十分高兴，连声夸赞道："写得好，写得好，有意境！这首叙事诗的情感支架选点较好，笔力集中。继续努力！"江玉春对老师连声道谢，高源叫她先誊抄在新的一期班报上，再修改后向县级以上的报刊投稿。

5.

家 访

10 月 21 日　星期一　晴

寒冷与季节无关。当关怀成为照耀内心的太阳，我的整个身心一下子温暖了起来。

今日校务委员会决定从学校福利费中拿出叁拾元给我解决临时困难。由于母亲重病和自己函授学习，经济压力的确是极大。

学校给予我的关怀，我永远记在心里。在我的周围，有这么多可敬的长辈、可亲的同辈，我是幸福的。我衷心地感谢学校给我的温暖，怎么回报呢？我将加倍地努力，一是把工作搞好，二是在其他方面争取多干工作，一定得为学校做出更大更多的贡献，特别是把班级带好。

这几天，高源心绪有些乱。接连不断发生的不幸事情，让他脑中冒出了"祸不单行"这个难以绕开的成语来。

上周星期五快放学时，一个表弟来报信：舅舅病危，望能见上最后一面。他匆匆赶到舅舅家，刚满五十岁的舅舅躺在高源的怀中去世。父亲说，舅舅此生最爱的人就是高源。高源两岁时，舅舅就向父母请求，把高源过继给他，他太爱高源了。一见到高源，他就高兴得不得了，情绪再不好，一想到高源，心里就平静多了。那年月，舅舅特爱到高源家来，不为别的，就是为了看看高源。高源和舅舅，有一种极特殊的缘分。就是死，舅舅也要死在高源的怀里。舅舅离世，高源再一次感受到了生命的分量和经济的压力。病重的母亲还躺在床上，好在母亲没有生命危险。他在日记中写道："舅舅不幸去世，虽然见了最后一面，可一句话也未说上。舅舅一生，可叹可惋。劳累一生，没有多少欢乐，除了别的原因，就是经济条件的低劣造成的。"

在领导和同事们的关爱下，他稳定了情绪，开始自我调整。"福无双至今日至，祸不单行昨日行。"他脑中想起了关于王羲之写这副对联的轶事：传说王羲之每年都要写春联，可每次在除夕贴好，初一早晨却发现贴在门框上的春联不翼而飞。连年如此，便难免生出一丝懊恼。后来有一年，他灵机一动，在大年夜先写一半，即是"福无双至，祸不单行"。这可让想去揭春联的人愣住了，不再敢揭，若揭回去贴在自家门上，多晦气呀！可第二天再一看，傻眼了，王羲之已分别添上："今日至，昨日行"几个字了！

渐渐地，高源恢复了往日的精神，以更大的热情和旺盛的精力投入工作中。为了提高全校学生学习语文基础知识的能力，高源和其他语文老师一起组织了一场全校学生修改错别字比赛。他把自己收集的人们容易写错的字和学生在作文中出现的常见的近一百八十个错别字编写在一篇文章中——

"别字大王"感叹记
——一名中学生的自述

请别笑话！我已经后悔当初没有认真读好书。那时后，我没考上大学，真难受。

其是，我原来学习的成绩和知识成度在本班同学中也不低，吟诗作画还可以。同学们不相信流言非语，不扰乱课堂秩序，更没有什么隔隔不入。仅管有倒蛋鬼用鬼计把拉圾纸放在凳上，从未有人发奋。大家互相竞赛，按步就班，比此有进步。在错拆面前，决对地说，很少有人恢心丧气；为了远大的报负，难到谁还能无动于中？同学们习惯于幼想，既便是缈小的事也列外。大家常兔不了辨论，总是谈笑风声，善于举列，有的放失。一但热烈的争论后，虽不计较输赢，但觉得有收获。经过努力，各各都溶汇贯通地撑握倒了一定的知识。

那时侯，班上的老师是较历害的。他们有渊薄的学识，高上的品质；管理我们，代动我们，尊尊教悔我们，免历我们，培养明辩事非的能力，真直得我崇拜。由其是我的语文老师，他为人从不奴颜卑膝，常常针贬时弊，仗义直言。他说要改造社会不良现象，需要治表治本。年轻人要有真才实学，才能把握时代脉膊。要敢于创造，生命虽象慧星一闪而过，但事业却万古常青。社会生活中也有陷井，说话做事不能不加思索，冒然行事。这不是叫大家忧柔寡断，默守陈规；因为凡事直接了当，有时属挺而走险，牺牲太大。我们觉得他的意见中恳，理由实足。他的皮气和蔼，善于勾通大家的思想，一点不急噪；办事乘公办理，待人工正，不以分数多少横量人；也有男子汉气慨。但有次他当众说我娇傲，太刺激了我的自尊，我简止没脸了。后来，一次作业叫写一篇《寻人启示》，我用了许多陈词烂调，还故意把字写得很了草，使他很伤老筋，看得废力。对那么大年级的人来说，我纯碎太不遵敬他了，深觉渐愧，心里跟吃了黄莲一样。从那已后，我不断陶冶情操，积积地克苦功读各种书籍，丝毫不放松一刻时间专研学习。在星期天，也只是少少体息，松驰一下；并且，不到一柱香燃完的时间又投入到学习之中。可后来，却懒隋了，只知道去亨受玩乐，以至那次考试失败。当然，那次考试虽未逐愿，可我艰信，一次失败不等于永远失败。

回顾过去，连想明天，心中无限感慨。春回大地，西堕的红日染染东升，晋照大地，山青水秀，换染一新。倘徉在充满寂净气分的山林——大自然动物的圆地，泉水汩汩，那里不泛兴兴向荣的景象，有千恣万态的珍奇动物，有不记其数的花卉。我欣赏高竣的山岭，看青松挺拔的支丫。我欣赏候子辣手的攀援表演，狗雄的呆笨相，黄鹂清粹的鸣声；辛劳的密蜂，骄键的雄鹰是我象往的。我欣赏宽宽的池唐，看水面荡漾的波汶，看老翁垂钩。我欣赏人们的善良，钢强的性格，没有骄诈，无私帮助他人向比自己还重要是的。

叹宛的是，我失去了短崭的学习机会，那宝贵的时间一去不复反了。还有，现在的社会复杂，有的人不愿瞻养父母，一切向钱看的思想沾污了社会风气，有的人冒着风险捞钱，这不必感到惊呀和战粟，有的人的确不佩用有"人"的称号。我们应放远眼光，歪风斜气是不能取伐正气的。

木荆叶黄了，又渡过了几个月。没有成默，没有犹预，前途并不缈芒。在亲人的关怀中，赔感温暖。祖国人才辈出，社会发展很快，各方面的成果都翻了一翻。我不能在忧虑，不赶前进，应在思想上加强戒备，振着起来。面对未来，做出决择，永往直前，来迷补担误的损失，抵达新的彼岸。

我相信，时刻想着为家乡做共献，就有浑生的干劲。不能做社会的动粱，也要做一块烧才，发出自己的

光和热。

在这场修改错别字比赛中，大多数学生都改了一百二十多个错别字，学生们对照公布的参考答案后，又增加了对汉字学习的兴趣。

这一天，高源到后勤方会计那里预支了十块钱，准备再买些鸡蛋回去给母亲添点营养。上次回家到供销社副食品门市部买了供应的鸡蛋，总觉得一斤太少了。

高源来到乡上的客车站。说是车站呢，其实就是一处等车的站点。芦溪乡地处偏僻，除了供销社、卫生院、屠宰场，连个粮站和集市也没有。买把面，若不坐船到三江乡去，就得搭车或是骑车到山河乡去。不过，正因为车常在那里停靠，那里就变成了一个临时的小集市。常有些小贩或本地农民来卖一些水果、蔬菜、鸡蛋、大米一类的东西。他来到站点旁，正好看见有一个农妇在卖鸡蛋。高源瞥了一眼，那妇女有四十岁左右，一头短发，鼻子右边有颗痣，穿了一件深紫色的卡其布上衣，一条有点褪色的蓝色腈纶裤子。她提的竹篮里装了小半篮鸡蛋，约莫有四十个，有些鸡蛋外壳略显有些光亮。"大姐，生意好！""好好好。""多少钱一十？""一块二。""能不能少点？""够少的了，你看这些蛋好大嘛。"高源环顾了一圈，只有她一个人在卖鸡蛋。"少了好多不卖？""那就一块一。""好哩，就买三十个。""你能不能全买了，还剩十来个，我这蛋……新鲜。""好嘛，全买了。"

下班后，高源去屠宰场割了两斤肉，然后，跟小妹交代几句，便骑上自行车往家赶。回到家，经过竹林，看见竹叶已铺满路径。看来，母亲生病这段时间，已没精力来打扫。他把车推进院坝停放后，便进门看母亲。母亲看见儿子回来，一下精神起来，她忙拉了一条板凳过来："快歇歇！""妈，你现在身体感觉怎么样了？""不要担心不要担心！我没事了，只是走久了，便觉得有些累。"高源知道，"文化大革命"期间，家里年年缺柴火。那时，母亲在收工以后，还要翻山越岭到远处去寻些柴火回来。因要做饭，便不待柴草干透就往灶膛里送。长此以往，那些湿柴冒出的烟雾将她的喉咙和眼睛熏病了。这次就是她的气管炎发了，长时间的咳嗽，竟吐了不少的血，医生说是母亲咳破了血管。现在，看着母亲的气色好多了，高源心里也略觉宽慰。他叫母亲休息，自己拿着笤帚到门外清扫路径。

清扫路径后，他又连忙到自留地里去扯了两根萝卜回来煮肉。高父将儿子带回的鸡蛋拿来准备蒸碗蛋羹，可刚敲破第二个蛋，高父便愣住了——咦，蛋黄竟是散的！又敲一个，里面蛋清里竟夹杂着血丝！接连敲了几个也是如此！高父生气了，把儿子叫到跟前来："真是读书读迂了，连寡蛋都认不到。"他端来一盆水，将高源买的鸡蛋全放进水中，有一半多的鸡蛋全浮起来了。"你看看，这些浮起来的多半是孵过鸡仔的蛋。虽然也可以吃，但没什么营养了！你再捡一个来摇摇，里面在晃动，就说明是过了期的。唉，只晓得教书，连个蛋也买不好！再教几年书，怕是要五谷不分了。""高老头儿，别说了，才俊从学校读书再到学校教书，除了在放假时干些农活，其他好多事也没有接触过。以后，他会慢慢懂的。"

母亲的话让他心里有一丝宽解，但想起父亲的数落，高源心头不知是什么滋味。不懂的东西实在是太多了！但是，买卖就该公平，自己花了钱，买的却不是货真价实的东西。他心里难受极了，心中涌起了一股怒火：如果找到那个卖孵过鸡仔蛋的骗子，一定得臭骂她一顿，方解心头之恨！

第二天上午，高源上完第三节课后，想起昨天的事，心里很不痛快。他恰好第四节没课，于是疾步来到车站。待了一阵，没有见到那个卖孵过鸡仔蛋的农妇，就连卖蛋的人也没有见到一个。这样连打听一点消息的机会都没有，他感到有些沮丧，只好调头缓缓返回学校。

刚回到校门口，就看见付正平走出来。他知道付正平要去买菜回家做饭，他的老妮儿胃子不好，伙食团的硬饭让她受不了。付正平先招呼他："高老兄，江玉春的母亲王秀兰来给她交伙食费，我叫她交给女儿，她说要亲自把伙食费交到你手上，顺便了解一下女儿的成绩。""好的，我这就去。"

高源刚走到办公室门口，就听到袁华对一个中年妇女说："高老师回来了。"那剪着短发的家长刚转过身来，刹那间，二人都怔住了。

王秀兰鼻子右边有颗痣，正是昨天卖孵过鸡仔蛋的那个人！

书生气质模样的高老师，正是昨天买自己鸡蛋的人！

"你，你昨天的蛋……"正所谓不是冤家不碰头，高源突然间竟语塞起来。

王秀兰潜意识地感到前几天买的蛋有问题了，脸红了，低下头，显得手足无措。此时，她不知道该说些什么才好。她哆哆嗦嗦地把给女儿交伙食费的几张钱塞到高源手里，吞吞吐吐地说道："高老师，我……我……我……我走了！"

"你，站住！"等王秀兰转身走出几步后，哽在高源喉咙的话才冒出来，他的嗓门一下子高了八度，惊动了办公室里的人。

王秀兰似乎什么也没有听见，大步流星地跨出校门，很快消失在高源的视线里。

高源捏着江玉春的伙食费，默默地走进办公室。有几个老师围过来，询问道："刚才发生了什么事吗？"高源控制住自己的情绪，轻描淡写地应付了几句。他心里却窝着一股无名火，他使劲地压制着，压制着，怕一旦喷发出来，会把自己烧晕。

整整一个中午，高源的情绪都是乱糟糟的。他狼吞虎咽地吃完饭，叫谢红茬把王秀兰带给他的五元生活费交给江玉春。

何明进和袁华几个人在办公室学唱一首新近播放的台湾电视

连续剧《昨夜星辰》主题歌。高源也不像往常一样同大家一起饶
有兴致地去吟唱了，回到寝室，躺在床上，耳畔响起了几个老师
的歌声：

"昨夜的昨夜的星辰，已坠落，消失在遥远的银河。想记起，
偏又已忘记，那份爱换来的是寂寞……"

他想到自己真心付出那么多，却被自己的学生家长给骗了，
还受到父亲的指责！如果骗子换成是另一个陌生人，他在感情上
或许要好受一点。可她偏偏是自己班上的学生家长，她女儿又是
一名优秀的学生！在工作和生活中，他谨记师长们的告诫，做人
要以善以诚为准则，不料在社会这所大学校里，反差的现实给了
他一记无情的耳光！他感到一种莫名的屈辱。他觉得，如果不把
心中的怒火发泄出来，他会被烧焦。一个声音在他耳边不停地吼
着：忍无可忍，无须再忍！要借此机会，好好教育自己班上的学
生，学会做人，学会以后该怎样做人！

下午，第二节课铃声响起时，高源神情怅惘地走进教室。连
上两节课，他鼓足劲将第十九课《范进中举》讲完，竟第一次觉
得心里很累。他平时难得坐在椅子上，今天他终于坐下了，余下
的时间叫学生们自习。刚坐了一会儿，他发现漆连仁在吃东西，
瞟了一眼，好像是张晓天从鲁媛媛手中接过递给他的。想起上午
发生的事，高源心里不痛快，也没心思去理会。

过了一会儿，他又看见坐在中间两列相邻座位的江玉春和语
文科代表在嘀嘀咕咕地说着什么，一股火冒起来，他失控了，大
声叫道："江玉春，站起来！"江玉春一惊，赶紧站了起来。霎
时，全班学生都抬起头来。"你在做什么？""高老师，这里有张
字条，不知该不该交给您？""交上来！"高源的语调明显地提高
了许多。

江玉春感觉今天老师的情绪有点反常，不再言语。她看了一
眼科代表，科代表不知会发生什么，垂下了头。江玉春小心翼翼

地将字条交到高源的手里，又轻轻地回到了座位坐下。

"高老师，我觉得您今天精力有些不集中，您把'见'那个词语的意思没讲准。'见'字在这里应作虚词使用，是助词，用在动词前面表示对说话人（'我'）怎么样。'见教'意思是'指教（我）'，这与我们学过的柳宗元《童区寄传》中的'郎诚见完与恩'用法一致。不应是'指教我'。"这字条是语文科代表写的，她以前学过，自然领会要深一些。

"范进道：'岳父见教的是。'这句话中的'见教'意思为'指教我'，这个'见'作助词。如我们现在沿用的'见笑''见谅'……"高源顿时想起了自己开始讲课时板书的内容。

要是在往常，高源会虚心接受，并立即纠正，他一直在学生中强调师生在学问探讨上一律平等，要追求真知真理。可今天，真是砍竹子遇到节了，这张字条反倒成了导火索，把高源心中的怒火给引燃引爆了："同学们，你们知道我为什么今天会讲错吗？那是因为有一个骗子家长搅得我心神不宁！"高源语惊四座，学生们目瞪口呆，不知究竟发生了什么，只得暗自猜想。

"按常理讲，家长是子女的第一任老师，身教重于言教，各个方面都应该为子女树立榜样。前不久，我母亲大病，现初愈，但身体还弱。昨天，我到学校借钱给老人家买些鸡蛋补补身体，不料却被一个家长骗了，那个家长竟然把孵过鸡仔的蛋混在新鲜鸡蛋里，一起拿来卖给我。这种行为是有罪的。良心，是做人的底线，同学们，良心是做人的底线呀！一个失去做人底线的人，是会给社会，给身边的人，带来恐惧，带来伤害，带来灾难的。请问，谁愿意与没有做人底线的人在一起？如果，将来，你们也要这样去骗人，就不要说是我的学生！

"要不是她今天到学校来，我还真不知道她是谁。我希望这种事情不要再发生了，也绝不允许再发生在我们班上了……"

班主任在课堂上大发雷霆，江玉春心里在暗自流泪。虽然高源没有看着她，也没有指名道姓说是谁的家长，她却已经能够感到自己的母亲有那个"骗子"的嫌疑了！因为今天，母亲就是托高老师把伙食费带给她的，母亲没来见自己的面，一定是出现了什么不好的状况了！平时开家长会都是父亲来的，母亲一直没来过，自然不认识高老师。但母亲为什么会那样做？自从到学校认识高老师，从来没见他这么气恼过，他总是那么乐观、积极、友善，博学多才，有朝气，有闯劲，被全班同学誉为"八十年代真正的青年"。这件事肯定伤透了他的心，否则，他是不会计较的。妈妈呀，您在我心目中也是一位温柔善良的人啊，怎么会做出这种昏头昏脑的事？！要是让同学们知道一个班长的母亲是这样的人，还让我怎么在学校待下去啊……

江玉春心绪已乱，高源后来讲的什么，她也没听清楚。下课了，放学了，同学们陆陆续续地走出了教室，她还坐在座位上没动。

不少同学还在议论，猜测着那个骗子家长是谁。

只听得鲁媛媛在问："你们谁知道那个骗子是谁？"

"要知道，很简单，问一下高老师不就晓得了。"不知谁回了一句。

鲁媛媛又感叹道："高老师借款献孝心，没良心搅了赤子心。"

"唉！这种情形，谁还好意思去问嘛！"这是漆连仁的声音。

"连老师都敢骗，太坏了！"有两个人异口同声。

何明遐忿忿不平地说："要是把那个骗子找出来，我们全班同学就把他送到派出所去！"

"算了吧，可能那个家长不认识高老师呢。"这是谢红荭的声音。

"不认识？不认识也不应该骗人！做人真的要讲底线，讲良心。假如我们这个社会大家都不讲良心，都乱整，那还不人人自危，那还不乱了套。"这是数学科代表繁卫东的话。

　　"这件事暂别议论了，待会儿还要上晚自习。大家还是先好好休息一阵吧。"语文科代表看见江玉春神色不好，于是也发言了。她总觉得今天高源发火是她引起的，还连累了班长。

　　"班长，走，出去转一圈！"这时，谢红苣和胡云秋走过来，拉起江玉春，出了教室。江玉春看见谢红苣二人的神色没有异常，心里稍平静了一些。

　　三人来到河边，慢慢地走着。胡云秋问道："班长，这件事肯定把高老师气惨了。你知不知道那个家长是谁？""我，我不知道。"江玉春有苦难言，言不由衷。"管她是谁，反正不是我们几个人的家长。"谢红苣补了一句，算是解了江玉春的围。

　　返回寝室，准备去伙食团。谢红苣先出门，江玉春对快要出门的胡云秋说："秋秋，你先去吃饭。我突然觉得肚子有点痛，想回家休息一下。上晚自习前，请你帮我向高老师请个假！"

　　"班长，要不要我陪你去医院？"胡云秋有些着急。

　　"别担心，只是有点儿隐痛，一点儿也不厉害，我能行。"

　　"那好，小心点儿！"

　　"谢谢你！"

　　等胡云秋走后，江玉春急忙收拾一下，提上书包迫不及待地往家赶。一个念头一直在她头脑中缠绕着，一定要向母亲问个究竟，早点将今天发生的事弄个明白！

　　江玉春一到家，便来到灶房，看见父母坐在八仙桌旁的高板凳上。母亲王秀兰一声不吭，父亲江崇文在旁边抽着闷烟。家里冷锅冷灶的，还没动柴火。

　　"爸，妈，我回来了！"

　　"啊，你回来了？今天没上晚自习？"江崇文一见女儿回来，心里疑惑着。虽然有些明白，但更多的还是吃惊，赶忙把旱烟往地上敲了敲，熄了烟叶，站了起来。

江玉春没有回答父亲的问话，两眼直直地盯着母亲，一看母亲表情有些不自然，心中已明白八九分。但还是有一丝的不甘心，她依然不相信母亲会做出那样的事来，"妈——您今天去过学校吗？您……"她把先前想问的话又咽下去，确实不忍心再问下去，发出那样的疑问，就无异于在母亲心中插上一把刀啊！

"玉春哪，你就别问了。你妈今天是到校去了，见着你高老师了……"

一切都明白了！一切都证实了！仅存的一点幻想破灭了！"妈呀——"江玉春顿觉全身无力，一下子跪在了母亲脚下，拉着王秀兰的手，号啕大哭起来，"真是没脸再到学校了，我不读书了……"

王秀兰看到女儿这个样子，也心如刀绞，泪如雨下。

看着不停抽泣的女儿，江崇文安慰道："玉春啊，听爸说一句：也不要埋怨你妈了！你想，我们这个家的人以前什么时候做过一件亏心事啊？'文化大革命'那阵子，那么乱的时候，生产队一些人去批斗蒋余明全家，可我们却是一根手指头都没有动过，连一句重话也没有说过呀！

"这次你妈肯定是犯糊涂了。前几天，你妈妈准备把家里的十几个鸡蛋提到车站去卖，想到又少了些。她从山河乡赶场回来，在路边碰到一个卖鸡蛋的，想到他卖的价钱便宜，就买回来了，加上我们家鸡蛋，这样一起拿去卖就不少了。想到你快毕业了，压力大，本想多卖几个钱，给你多凑点伙食费，增加点你的营养。当时，你妈回家提起买便宜蛋的事，我们都有些怀疑，但没料到真的是上了那个骗子的当，也害了高老师，还连累了你啊！"

"啪啪啪——"王秀兰狠狠地扇了自己几个耳光，"我真是丢人丢到家了，竟然丢到女儿的老师跟前，丢到下一代了！"

"妈妈，您别打了！我错怪您了！我不要伙食费了……"江玉春站起来将书包里的几张钱拿出来放在桌子上，抱住母亲，放声大哭。

"玉春呀，这次妈真是把你害苦了，整得你在同学们面前都抬不起头来。我也对不起你们高老师呀！他那么关心你们。我却稀里糊涂骗了他，我明天就想法去赔他的钱，重新买新鲜的鸡蛋，还要向他赔礼道歉！"

"妈，算了！高老师也没明说是谁卖的鸡蛋给他，同学们也不知道卖鸡蛋的人是谁。您……就不去了，我……不想读书了。高老师是好人，我们以后再感谢他……"

江崇文听后，走过来拍拍女儿的头，劝慰道："傻女子，你说的是啥子话嘛！你难道忘了你的理想是要向你姨娘学习，将来争取当一名女乡长，造福一方吗？我听其他人说过，高老师也是一个有心胸有肚量的人！上次，你不是提到过，他还给你们讲过孔子是如何对待他的学生的故事吗？"

父亲的话让江玉春稍微冷静下来，她感激地看了父亲一眼："爸，谢谢您！让我好生想一想……"江玉春说着，提着书包向自己的房间走去，进门后，轻轻地关上门……

星期五晚自习，江玉春请病假。星期六，江玉春没到教室。有几个学生向高源打听情况，高源推说班长生病了，在家休息。

"学生没有病，是自己病了。"突然，高源心里冒出这个念头。他暗暗地为自己昨天的失态而自责。

放学后，他叫上小妹，骑车回了家。

一家人吃过晚饭，小妹洗碗，高源陪父母拉拉家常。高父对高源说："你也工作快四年了，家庭经济虽说有点好转，但仍是困难。你大哥在部队上，领的津贴也很少，每个月买点书，余下的钱寄回来，也帮不上什么大忙。你一个月挣几十块钱，也不要老想着家里，自己能过好就不错了，还要存点钱成个家，难啦！

家里也给你交个底，以前吃大锅饭时，年年补钱。现在算好，好歹积攒了两百元，只是这点钱也做不了什么大事。"

对父亲的忧心，高源是知道的。他把这一阵的想法告诉父亲："小妹读书的事，你们就不用担心了。另外，我有个同学的哥哥是乡农技站站长，我想请他帮忙，买一批好的嫁接过的红橘苗栽在包产地里。听他说，三年挂果上市卖钱很稳当。"

对前者，高父自然满意；但对后者，他有些忧虑："现在栽果树好说。万一哪天政策一变，那栽果树就可能不稳当了！"

"你这个老头儿，不要东说西说的！"高母在一旁插话道。

"女人家家的，懂得些啥，少开腔！"

"爸，妈也当过妇女队长，她在家里家外都是有发言权的哟！"

"是呀，到底是儿子有文化，比你明事理！"高母得到儿子的支持，眼睛笑得像豌豆角似的。

"啥子妇女队长，还不得听我这个生产队长的！"

"啥子喃？你是生产队长？只可惜是个副的！"

"是是是，就怪当年我是个副的，说话算不了数，要不是那样，全队的人就不会这么穷！"当年吃大锅饭时，高父带领生产队的社员搞生产，众人的积极性很高，干劲十足。可正队长回来后，副队长就没什么号召力了。正队长经常组织大家开批判"走资派"大会，开"忆苦思甜"大会。在出工休息的间隙里，由于正队长当过兵，他喜欢打枪，便带着一群人走东串西，一打鸟就是半天。这样一来，众人也图个轻松安逸，懒得出力去搞生产了。整个生产队年年吃储备粮，东挪西借的，继续过着穷日子。想起往日的情形，高父至今心里还是隐隐作痛。

"又在提虚劲了？"

"算了，不跟你瞎扯了，还是听儿子说正事。"高父给自己找了个台阶。

看到父母抬杠拌嘴，高源心里也乐了。听了父亲之前的想法，高源心里也能理解：农民的命运是跟共和国兴衰连在一起的，多少次运动，让循规蹈矩的农民也感到心有余悸。特别是"四人帮"叫嚣"宁要社会主义的草，不要资本主义的苗"的年月，"割资本主义的尾巴"把人整怕了。一个连字都不认识的老实巴交的农民，一不小心也会成为政治犯，真是荒唐。但他坚信，改革开放已经让人民尝到了甜头，看到了奔头，谁再想开历史的倒车绝对不会有人答应了。高源面带微笑看着父亲说："爸，这个您就不必担心了！县上文件已规定了土地政策至少十五年不变。以后，农村的前景会越来越好的。"

"那就好，那就好！才俊哪，你就记住赶紧去联系。屋背后的那两块包产地摘完豆子就空着，明天就把它挖来抗起。等明年开春后，就可以栽树苗了。听收音机里说过：嫁接苗，挂果早。有科学技术的东西，硬是不得了！"

拉过家常，高源想起那天买鸡蛋的事，就把这两天围绕鸡蛋所发生的事一五一十地讲给父母听了。

听完高源的叙述，高父语重心长地对儿子说："你的那个学生那么好，想必她家长也不差。唉，千不该，万不该，上次发现寡蛋就不该怪你的！人不可能不犯错误。人的错误可以分两种：一是故意的，二是无意的。那些寡蛋不一定就是她家的，你那个学生的妈万一也是被别人骗了呢？退一万步说，她也没有什么大错。千万千万要记住，不要怪家长，不要骂娃娃。学生娃娃那么小，不读书要不得，会误了她的前程哩！"

"这件事情，要听你老汉儿的！"高母也赞成丈夫的观点。

"爸，妈，你们放心，我晓得了！明天我就去家访。"

"那好！早点儿洗脚睡觉。"

高母话音刚落，女儿就把洗脚盆端来了。高源估计小妹也听到了他们谈话的一些内容，便叮嘱道："不要把今天的有些话带到学校里去。"

"晓得，明白！哥哥，高老师！"小妹扮了个鬼脸。

"没大没小的，看我不敲你两下！"高母佯怒道。

一家人嘻嘻哈哈，洗完脚，各自休息。

睡觉前，高源掏出钢笔在自己随身携带的日记本上写了起来：

11月2日 星期六 阴

　　昨天，我处理江玉春母亲一事的态度冲动了些。借题发挥教育学生，也不该盛怒，应该讲究火候。是的，锱铢必较，睚眦必报，是一种市井俗气。对自己来说，一定要克服年轻人燃点低、易起火的毛病。否则，人生之路便走不了多远。

一觉醒来，高源拉亮电灯，一看手表，还不到七点。他已没有睡意，轻轻下床，想起昨晚父亲的话，他走到门外，在墙角一处摸到一把挖山锄，径直向屋外走去。

外面一片大雾。快到地里时，他有些惊讶，地里有个人影在晃动！再走近一看，原来是父亲！

一块近一亩的旱地早被他挖了一小半，锄头唱着欢歌，晨露承载着父亲的希冀。他可能很早就起床了！想到这里，高源心中一阵激动，他也默默地跟着父亲挥动着锄头，把梦想一锄一锄地掘起……不知过了多久，突然，"咔嚓"一声，清脆悦耳，也让高源回过神来，原来是父亲挖得太深，用力一翻土，那一根有点裂缝的锄杆就折断了。"好了，歇一下！"父亲的话音刚落地，就听得母亲远远地喊道："饭好了，你们两爷子快回来吃饭！"

吃罢饭，高源正准备洗碗，高母将他推开。

"那就让小妹来洗。"

"算了，等她多看一下书。"

"那好。妈,我就不陪你们吃午饭了!"

"是不是要去看我儿媳妇?"高母脸上开着一朵花。

"不是。妈,今天小林有事。我今天要去学生江玉春家。"

"对对对,才俊,你快去吧!记住妈的话,得饶人处且饶人!"

"妈,我晓得了。"高源读高中时,在一位亲戚家,发现一本《增广贤文》。这本曾被乡市管会收缴过的所谓宣扬"封资修"的蜡纸刻印本里面,却有不少名言警句。他一下午没休息,快速地把全文抄在一个作业本上。他至今还记得,书中有这么一句:"饶人不是痴汉,痴汉不会饶人。"

善良的母亲在高源心中永远像一盏明灯。高源清楚地记得,在那个贫穷年月里,一天,一个受了灾的外地乞讨人讨上门来,母亲把家里仅有的且是借来的装在瓮坛底部的几斤米侧倒近坛口,撮了一碗给他。妈妈给那个乞讨人的不只是一碗米,是我们家族相传了很多代的善良。那碗米像太阳,一直照耀着我走善良的道路。

高源来到房后屋檐下,找到堆麦秸秆的地方,抽出一小捆来,三下五除二地把麦秸摘好,找来小水桶浸泡着,又去拿把砍刀,削了两根小竹棍。坐在一个小凳子上,迅速编织了一个装叫咕咕的笼子。

临走时,和母亲打声招呼,母亲又送他到院门外:"骑慢点!""晓得。妈,我走了。"高源回头再看了母亲一眼,推着自行车慢慢地前行。

他想起今年五四青年节活动上,学校团总支印发了自己撰写的演讲稿——《振兴中华舍我其谁》:……复兴中华大业,须得从现在做起,从小事做起,从我做起……

作为一名人民教师,为国培育英才,责无旁贷。这么优秀的学生若不能到校读书,那真是自己不可宽恕的罪过!一定要尽快让江玉春返校。

自行车飞速地在机耕道上奔跑。路过街道，商店里的收录机里传出林淑蓉那甜美的歌喉：

今夜的今夜的星辰依然闪烁……爱是不变的星辰，爱是永恒的星辰，绝不会在银河中坠落。常忆着那份情，那份爱。今夜星辰今夜星辰依然闪烁。

高源来到学校，在办公区和住宿区转了一圈，没有看见自己班上的科任老师。来到花园，他眼睛一亮，看见付甜甜和几个小朋友在做游戏。

"甜甜，你老爸到哪儿去了？"高源蹲下来，拉着付甜甜的小手问道。

"他到我妈妈那儿去了。"付甜甜往供销社方向指了指。

"甜甜，你想不想玉春姐姐？"高源早已觉得：让这个可爱的小天使一起出马，定能马到成功！

"当然想啦！我都两天没见着玉春姐姐了，我好想她哟！"付甜甜噘起小嘴巴。

"甜甜乖。那今天，叔叔和老爸带你去见见玉春姐姐，好不好？"

"好嘞！我马上又可以见到我的玉春姐姐了！"付甜甜乐得蹦跳起来，拍掌叫道。

高源带着付甜甜来到供销社百货门市部。

"生意好！付老兄。"

"还可以，将就。今天卖了十多块钱了。你需要什么吗？"付正平正在为一个中年妇女挑文具盒，他的老妮儿去进货了。

"今天不买。我想请你和我一起去江玉春家搞家访！"

"老爸，我也要去。我好想玉春姐姐哟！"

"你想玉春姐什么呀？"

"我想她给我讲外国小朋友的故事。"

"以前讲的，你记住了吗？"

"记住了。"付甜甜边说边掰手指头，"有卖火柴的小女孩，有白雪公主，还有灰姑娘。"

"那好，记得住就去。"付正平对女儿的表现很满意。

"谢谢老爸！"付甜甜拉着父亲的手往下一拉，付正平会意地弯下腰，让女儿在脸上亲了一口。"乖！"一股幸福的暖流在付正平周身流淌。他起身对高源说："高老兄，等一会儿，我老妮儿一回来我们就走。"

"江玉春生病耽搁了一天，我们去家访，一者是去了解一下她家的情况，二者是想请你给她把耽搁的课补一下。"高源觉得不便说明家访的另一层原因。

对一个喜欢上进的学生多付出一点心血，任何教师都无怨无悔。付正平嗔笑道："哎呀，高老兄，你虽然是班 Mother，但她也是我的 Middle school student，怎么还对我这么客气！好像她不是我教的学生似的！"付甜甜听后，跷起了大拇指："Yes, Yes! Ok!"看到小女孩天真可爱的模样，付正平笑了，高源也笑了，付甜甜笑得更欢了。

高源返校提着麦秸笼子又到了供销社，交给付甜甜。

过一会儿，袁小红回来了，付正平给她说了要去家访的事。袁小红说："甜甜就不去吧，免得去了添麻烦！"付甜甜拍拍胸脯说："我保证不影响老爸的工作。""嫂子，甜甜这个小精灵，你就别担心了！"高源笑着。袁小红也笑了笑说："给你添麻烦了。""嫂子，我该感谢付老兄支持我班的工作！""都别客气了，我们早点走吧。"付正平说完，又看着女儿说，"甜甜，今天，我们和高叔叔坐 11 号车去玉春姐姐家，你怕不怕？""什么'11'号？""甜甜，你看我的两条腿像不像'11'呀？"高源摇着双腿说道，付甜甜还是摇摇头。"傻女儿，'坐 11 号车'就是用两条腿走路。"付正平一语道破女儿心中的疑惑。"走路呀，我不怕。"付甜甜摆了摆手。三个人笑着出发了。

沿着山路走了一半多的路程，来到一处山坳。高源看着付甜甜走得有些吃力了，便决定歇一歇。

阳光洒满大地，万物一片生机。沿途的树上，草丛里，都有小虫儿在鸣叫。

"甜甜，你看草丛里飞的是什么？"付甜甜顺着高源手指的方向，眼睛一亮："啊，好漂亮的蝴蝶哟！"她转过身来对父亲说，"老爸，我要逮蝴蝶。"付正平看了高源一眼，高源说："反正快到了，我们歇一下吧。"

于是，两大一小三个人立刻忙活起来。"我逮到了，我逮到了！"付甜甜兴奋地用双手捉住了一只黑花蝶。高源迅速将麦秸笼子提过来，轻轻挪动一角，打开一道门来。付甜甜将蝴蝶放进去，高源又立即合拢了笼子。一会儿，付正平捉了一只橙红色蝴蝶和一只蝗虫，也放了进去。

高源发现一片枯黄的树叶上匍匐着一只类似枯叶蝶的花蝴蝶，两扇叶片上镶嵌着星星似的图案，若不仔细察看，真不容易发现目标！高源想起老子著的《道德经》里的一句话："合其光，同其尘"。心里暗暗赞叹：将自己同环境融为一体，大自然成了它巧妙的掩护体，昆虫世界也这等神奇！

不一会儿，笼子里装了十几只蝴蝶、蝗虫、蚂蚱和叫咕咕。于是，三人又继续前行。

刚走了一段路，高源看到付甜甜有些倦意了，便说："甜甜，让叔叔来背你！"

"不，我要老爸，我要骑马！"于是，付正平蹲下去，让女儿骑在了脖子上。

一见此景，高源给付甜甜讲起了蔡锷将军小时候的故事：有一天，小蔡锷去学堂，刚进门，先生见小蔡锷骑在父亲的脖子上，便随口吟出了一副上联"子骑父作马"，想考一考这个小神童。哪知小蔡锷听后，随即应对出下联"父望子成龙"。这个小蔡锷应答的对联简直既工整又巧妙。

"老爸，蔡锷和先生他们两个说的是什么意思嘛？"

"你长大就明白了。"付正平笑笑说。

"老爸，我现在就想明白！"

"那你就问问高叔叔吧。"

"高叔叔，请您给我讲讲吧！"付甜甜转过头来看着高源，眼里充满企盼的神情。

"甜甜，对联说的大概意思就是：现在，你骑在你老爸脖子上，你的老爸就像马一样平安地把你带到玉春姐家；你老爸呢，他就希望你以后好好学习，像玉春姐一样表现好，成绩好，每次考试，都得高分。"高源怕讲深了，把小孩弄糊涂了，就打了一个比方。

"哦，我明白了！"

"甜甜就是聪明。"

两代三人一路说说笑笑，不一会儿就看见了江玉春的家。上次，高源去繁卫东家，江玉春告诉了她家的位置，所以也没走弯路。

江玉春家坐落在一个山坳间，房屋正面有三间，两侧各有一间配房。背后有几棵杉树、苦楝、桉树。旁边有一块九十来平方米的小坝子。距门前几米处，有一条小溪。

刚走过小溪，突听得"汪汪汪"一阵叫声，一条系着铁链的大黄狗冲了过来。

付甜甜吓得退了两步，紧抓着父亲的手。

"别怕！"高源上前挡在二人的前面。他小时候为了帮家里减轻一点点经济负担，给集体积肥，节假日都要跟哥哥及生产队的

114

小伙伴去拾粪。捡一斤狗粪交生产队就挣一个工分。当时，高源老家生产队的劳动力价格偏低，一个工分的价格为二分七厘人民币。那时，一个熟练壮劳力一天的工价封顶才为十个工分。不过，当时你若有三角六分钱，同时很有幸家中又存有一斤肉票的话，就可以买到一斤供应的猪肉。高源经常与狗打交道，自然就不怕狗。

"江老头儿，来人了！"屋里传出一个妇人的声音。

"玉春姐姐，我们来看你啦！"付甜甜将两只小手放在嘴边像只小喇叭。

"快叫江伯伯！"付正平看见江崇文出来，赶紧提醒女儿。

"啊，是高老师！付老师！你们真是稀客，快快请坐！"江崇文边说边抓住系在黄狗脖子上的链子，又朝里屋喊道："玉春，快把狗赶到屋后拴好。"

"高老师，付老师，你们好！"江玉春听到付甜甜和父亲的声音后，知道高源和付正平两位老师来了，心里一阵激动，愣了一下后，赶紧照照镜子，便走出房间，和老师们打过招呼，急忙从父亲手中接过链子把狗牵着。

王秀兰听说老师们来了，一下子显得手足无措，不知如何是好。

"老妮儿，快出来，给老师们烧开水泡茶！"

听到男人的安排，王秀兰也出来了，低着头瞥了一眼高源，搭讪着说了句"老师们稀客"，便去厨房烧水去了。

大黄狗见到主人与客人们的亲热劲，立马停止了吠叫，摇摆起尾巴来了。付甜甜不见黄狗龇牙咧嘴，胆子也渐渐大了，试探着上前靠近黄狗。黄狗朝付甜甜一身上下嗅嗅，还舔舔付甜甜的小手。付甜甜也伸出手去抚摸黄狗的头、鼻子、耳朵、身子、尾巴，黄狗对甜甜跟对小主人一般温顺。

付甜甜跟着江玉春一起把黄狗牵到屋后拴上了。

"江大哥，今天我和付老师特地来看看你们。江玉春的病好了吧?"

江崇文先是一愣，但马上反应过来，连连说道:"好了好了! 小娃娃家，恢复得快。"

"我今天来就是想了解一下她回家后的学习情况。叫付老师来，让他把江玉春耽搁的一节英语课给补上。"

"谢谢高老师，谢谢付老师，你们考虑得太周到了! 辛苦你们了!"

这时，江玉春牵着付甜甜的手走了过来。

"甜甜，你到一边去玩儿，我要给姐姐讲一下课。"

"好嘞，姐姐，等会儿你要给我讲外国小朋友的故事哈!"

"一定一定!"江玉春拍拍付甜甜的头。

"那，我们拉钩!"

"好。"

"拉钩拉钩，说话不算数，羞羞羞!"

"别再调皮了，去去去，去一边玩儿!"付正平拉开女儿。

江崇文端出一张小桌子，提了几把竹椅摆在坝子上……他激动地对高源说:"高老师，乡坝头弄点什么菜不像街上那么方便，但煮豆花简单得多。今天你和付老师只要不嫌弃，就尝一下我们乡坝头的豆花。"

"谢了，不要添麻烦! 等付老师讲完，我们这就走。"高源知道，煮豆花其实一点也不简单，程序太多——泡豆子，磨豆子，烧豆浆，沥豆渣，搅拌卤水，点豆浆，焖豆花，榨豆花水。常言道:"杀牛等得，煮豆花等不得。"以前，和学校几个老师打平伙，都是中午在附近学生家磨好豆子，提回来煮，将豆浆点好后，放晚学吃饭时再舀来煮。

"高老师，付老师，你们能来我家，真是我们江家八辈子修来的福。真不知道该怎么谢你们。若是瞧得起我们乡下人，就吃了饭再走。你先坐坐，我去泡豆子。"江崇文这个读过初中的农民，除了干农活，还喜欢看点书，时不时还要写几行日记。他对知识分子尤其是教师，有着一种特有的尊重。他曾与女儿开玩笑说：这辈子最遗憾的是对不住你爷爷给我取的这个名字。他笑着对高源搭了几句话，就进灶房去了。

"真的不要这么客气！"望着淳朴的家长，高源真不知道说什么才好。他知道，在这样的乡下，有老师愿意来家里吃饭，对主人来说，好比文曲星下凡到家，无比庆幸，是值得骄傲的荣誉。

江玉春将书包提出来。付正平坐下给她补讲那天她耽搁的课。

过了一阵，王秀兰的表情自然了。她面带微笑，将泡好茶的两个茶盅端在高源和付正平面前："高老师，付老师，请喝茶！""谢谢！""谢谢！"

付甜甜提着麦秸笼子来到高源面前："高叔叔，您看我把蝴蝶放回家！"

"好嘞！"高源对付甜甜跷起了大拇指。

只见付甜甜将麦秸笼轻轻打开，一只只彩蝶飞向天空。

"啊，啊，它们回家了！哈哈，它们回家了！"

坝子里有三只母鸡在觅食。高源看见笼子里面还有几只蝗虫，便对付甜甜说："这些是害虫，就把它们抓出来喂鸡吧！""好的，不能放害虫！"付甜甜笑着闹着向母鸡走去。

茶盅里泡的茶叶是四级花茶，香味纯正，只是叶片有些碎。喝了几口后，高源起身，端着茶盅踱步环视了江家房屋：房顶是竹竿椽子，盖的是麦秸秆，房顶头尾中间扎的几个垛子用的是稻草。

江崇文走过来，给他介绍了厕所和江玉春房间的位置。

江玉春住的房间前后两面是用窑火烧制的砖砌的，其中有一半多的砖，都是一些长短不一致且不规则的砖，有可能是江崇文在外打工时，将修建工地拆房屋废弃的旧砖拉回来砌的，其余的全是土坯砖。高源家也是土坯墙。他知道，火砖的成本高，农民建房时，主要是用牛或人拉石头碾子在地里或旱田滚轧，用砖刀切划成大小统一的长方形后，最后由人力拉动铁铲将泥砖一块块地撬起。若是用少量泥砖，倒可以将泥土装进砖匣子里敲紧做成。

高源顺便了解了江玉春家里的情况，然后闲聊了当下农村的变化，最后两人认真地摆谈了有关家校配合教育孩子的话题。

过了一阵，高源到正房左侧的一间配房去上厕所。高源进去，拉亮电灯，只见拉线是用几条胶丝带接成的，便槽前边摆的防滑垫上还有几个模糊的字，定睛一看，是"欢迎光临"四个字。让他感到有些惊讶的是旁边还安装了一个陈旧的铝铁水龙头，水龙头接着一根塑料软管，塑料软管连着一块木制水箱。这里是江家的水冲式厕所，真是了不起！他在农村还没有发现有人家是这样的，就连学校也是旱厕，一上厕所，就臭味熏人！

高源刚出厕所，就听见王秀兰紧张地喊道："不好了，小娃儿掉到井里去了！"

原来，江崇文听从小姨子的建议，准备建水塔，用上简易的自来水。这口井，刚打好，还没来得及封井沿和整修其他设施。家里刚买回三对乳鹅，为了防止乳鹅掉进井里，就用一张稍厚的塑料薄膜遮盖在上面。开始，付甜甜将蝗虫喂了鸡后，就去找小鹅玩儿。

六只乳鹅，黄灿灿，毛茸茸，娇滴滴，轻盈盈，好不惹人喜爱！付甜甜一下来了兴致，就捡了一根细枝条，轻轻一甩，当作鞭子，开始放鹅了。乳鹅见有人来了，顽皮地一跷一跷地嗯嗯啊啊往前走。轻巧的乳鹅们走出坝子，走过水井上面，走向菜地。付甜甜自然不知道塑料布下面遮有一口井，当她跟着鹅儿走过去时，一脚踏空，跌落井里。

此刻，付正平已经将一节课的内容补讲完，正在复习相关知识点。听见王秀兰的惊呼声，付正平放下课本，一个箭步冲到井边，毫不犹豫地顺着井壁滑下。江玉春在那一瞬间，惊呆了。但她马上回过神来，正要去叫父亲，江崇文已提着水桶拿着一根粗麻绳出来了。高源也是飞快跑到井边。这时，只见付正平父女已冒出水面，付正平一手抱着甜甜，一手紧贴着井壁，还不停地安慰着女儿："别怕别怕，有老爸在这儿！"付甜甜还是一副惊魂未定的模样，她紧紧抱着父亲。

"付老兄，请稳住！"高源心里也有点着急，但表面上还是很镇定。井口距水面大概有三米的深度，他急忙和江崇文慢慢把水桶放下，"付老师，你快站进水桶，握紧绳子。"江崇文在上面喊道。水桶刚到水面，付正平抓住绳子，将脚放进桶里，顺势坐在桶沿，叫女儿一只手也抓紧绳子。高源和江崇文合力用劲将父女俩慢慢往上拉，不一会儿，付正平父女出了井口，大家终于松了口气。

付正平父女两人浑身湿透，付甜甜受了惊吓，呛了几口水，嘴唇都有些乌青了。王秀兰和女儿从里屋抱了几件衣服出来。

"江老头儿，你快把付老师带到你的房间洗个澡，换件干衣服。玉春，你把甜甜带到你房里洗一下，再用铺盖盖着，免得着凉。"王秀兰俨然一副家庭主妇的样子，安排得井井有条。

于是，众人都各自忙碌起来。

江玉春小时候的衣服早已送人，只得把付甜甜换下来的衣服拿去烘烤。王秀兰手脚麻利地提了个火笼子，把烧过的木炭放进笼子，准备烤衣服。高源连忙走过去，提过火笼："大姐，让我来！""好哩，高老师，这里面有点呛人，你到外面去。我马上煮饭，你们早该饿了！""不饿不饿，谢谢！"高源心里也充满感动，但他苦笑了一下：没想到，这下铁定在学生家里吃饭了！

高源将湿衣服翻来覆去地烘烤，快要烘干时，付正平来到他身边笑着说："高老兄，你看我这身打扮，怎么样？"高源抬头一看，乐了："你好像在过第二个夏天！"因为付正平个子高，江崇文找不到合适的衣服，只得将就把自己最长的衣服拿给付正平临时凑合一下，结果上下装都还是短一截。

"你的衣服烤不烤一下？"

"算了，我的带回去洗，这儿不方便。高老兄，让我来烤。"

"付老兄今天辛苦了！又下井救女，令人钦佩！你歇一下吧！"

"没出事就好，'不足为外人道也'。"付正平引用了《桃花源记》里的一句话。

付甜甜的衣服烘干后，二人一起给小孩送去。

来到江玉春房间，敲门进去。屋里明晃晃的，觉得屋顶挂的灯泡要比灶房的灯泡瓦数大得多。只见三面墙壁上贴满了语文的背诵字词句段篇和古今中外名人名言、数理化公式定理、英语单词、历史大事记、中外风景名胜地、歌星头像和她的奖状。另外，贴了一幅她读初二时高源在班上教大家练习的黑体美术字作品——"芦溪中学有人才"。红色蜡光纸剪裁的字贴在黄色蜡光纸上，相映生辉，十分醒目。

付甜甜裹了件江玉春的春秋衫，身子蜷缩在被子里，正津津有味地听着江玉春给她讲故事。

看见老师进来，江玉春忙起身打招呼。两个女孩一见付正平穿的衣服，都忍俊不禁。江玉春抿着嘴偷着乐，付甜甜却是乐不可支，用拳头在床上连连捶打了几下，"咚咚咚——""哈哈哈——"

"别笑了，还不是因为你这个捣蛋鬼惹出来的事！"付正平敲了一下女儿的额头。

"你把衣服给她换上。"高源将付甜甜的衣服交给江玉春，同付正平出去了。

过了一会儿，大家围坐在高高的八仙桌上吃饭。桌上摆了两大盆香喷喷的萝卜烧肉，四斗碗豆花，各人面前一个小碟子，付甜甜碟中的佐料是酱油。

江崇文请高源上座，高源推辞道："江大哥年长，又是主人家，该上座！""天地君亲师，神龛上也有你们的牌位，你们不坐，谁也不敢坐啊！""高老兄，还是客随主便吧！""好好好，恭敬不如从命！""我要挨着玉春姐姐坐！"付甜甜提出了要求。"好好好，批准！"王秀兰也笑着接过话头。众人笑着，陆续依次坐下。

高源居上位，付正平与高源同座，居其左，江崇文居侧位，在高源右侧，付甜甜和江玉春居侧位，在付正平左侧，王秀兰居下位。高源、付正平及江崇文面前各多放了一个碗。江崇文指着桌上摆放的一个泡有枸杞、大枣盛五升酒的玻璃瓶说："两位老师，今天就喝点儿我家里的蹦噔儿酒吧！这是一个亲戚在烤玉米酒时帮我接的中段酒，不上头的。"

"'蹦噔儿酒'是什么意思？"高源第一次听到这种说法，觉得很新奇，便询问道。

"'蹦噔儿酒'指的是泡酒，相对'跟噔儿酒'而言。因为泡酒是用酝罐或是大口玻璃瓶装的，不方便倒出来，于是得用酒提子舀，酒提子下去时，碰撞酒水就像一个人跳进水里会发出'蹦噔儿'的声响，所以叫'蹦噔儿酒'。'跟噔儿酒'指的是瓶装酒，打开瓶盖，倒进酒杯特别是大杯子时，会发出'跟噔儿'的声音，所以叫'跟噔儿酒'。"

"这两个名字取得很形象！"付正平感慨道。

"有意思。民间的语言就是有活力。"高源与付正平对视了一下，赞叹道。

　　江崇文拿出盛一两的酒提子给老师舀酒。两位老师都说"少点少点"，江崇文提议"一醉方休"。高源想到今天带着小孩发生的事虽说是有惊无险，但再不可出意外了，便说："江大哥，以后有的是机会。等明年你女儿考上满意的学校后，我们再来饮个酣畅淋漓，怎么样？"

　　"好的，那就一言为定！"江崇文看了女儿一眼，江玉春朝他微笑着点了点头，于是就给两位老师一人舀了两提。

　　付甜甜看着桌上的两盆菜嚷道："好香哟，我饿了！"

　　"要懂礼貌！"付正平瞪了女儿一眼。

　　"对对对，快请吃菜！"江崇文笑着，先给付甜甜夹了一块肉。

　　付甜甜嚼了一口，感觉还有点绵，便问道："江伯伯，这是什么肉呀？"

　　"哦，这是狗肉。"

　　付甜甜听后，"哇"地一下把狗肉吐到地上，下了桌子，向屋后跑去，这一举动让大家感到有些惊诧。江玉春赶紧跟了去，只见付甜甜往四周寻觅了一下，又跑回到桌子旁边，哭了起来："你们是坏人，你们是坏人！你们把黄狗狗杀了！呜——呜——"

　　小孩子的表现，让江崇文感到有点儿尴尬。本来，想到老师关心自己的女儿，连星期天都没休息。女儿耽搁功课也跟家人有关系，况且为了给女儿补课，还差点发生意外。对此，总感到心里过意不去。于是，想好生招待一下，又没钱去买猪肉，想杀鸡，又没公鸡，那几只母鸡得留着下蛋。只煮一点豆花，难以表达自己的心意，于是想到杀狗算了，反正时节已到深秋，老师们平时的待遇也低，很辛苦，也该给他们补补身体……

　　付甜甜的哭闹，让现场气氛起了变化。付正平呵斥女儿："不许哭，不准调皮了！开始你不是说，出来不影响我们的工作吗？"

甜甜的表现已引起了高源的共鸣，高源顿觉有点儿反胃了。杀狗待客如同古代杀马待客，这种诚心让人感动，但这种行为是不对的。人类始终把自己的生命摆在第一位，始终把自己的利益放在第一位，把动物的生命放在第二位的观念，是有严重问题的。高源在心里连连向大黄狗道歉，忏悔，希望大黄狗不要记仇，希望大黄狗远离痛苦。唉，唉，没想到付甜甜那么喜欢狗，刚同大黄狗见了面，就产生了感情，爱护动物也是孩子养成的良好意识。高源想到这里，走过去蹲下身子，拿出手绢给付甜甜擦了擦眼泪："甜甜乖，大黄狗是我们的好朋友，我们都应该保护它，对不对？"

付甜甜停止了哭泣，点点头。

"不过，江伯伯烧的狗肉是外面狼狗的肉，狼狗要咬人，我们就不喜欢它了。"高源言不由衷地哄着甜甜。

"是真的吗？"付甜甜眼里带着疑惑朝江崇文望去。

"真的真的。"江崇文会意地点着头。

"昨天有条野狼狗跑来，想咬小鹅儿，狼狗太坏了。幸好是你玉春姐姐赶紧去叫了江伯伯来，才把狼狗打死了！"王秀兰也来帮腔，说得煞有介事似的。

"唉，让我说呀，江伯伯家的大黄狗也不懂礼貌，怎么不给甜甜请个假就跑出去玩儿了呢？等会儿它回来，我们就要好好批评批评它哈！"付正平也趁势附和道。

"不要批评它嘛，它要是生气了，离家出走了，怎么办呀？"

付甜甜那天真的模样，把大家逗乐了！一场小风波就这样平息了。大家又开始吃饭。

吃着吃着，付甜甜的一根筷子掉地上了。江玉春立刻弯腰捡了起来，笑着说："筷子落地，简称'筷落（快乐）'。""好好好，祝大家快乐！天天快乐！"付甜甜独自拍起手来，拍完手，又笑着把另一根筷子扔在地上。

乡村 班主任

　　讲究口彩，是中国人善良的习性，却也显示出江玉春的机智。高源对此感到很高兴，他正准备去找双筷子给甜甜时，只见江玉春敏捷地弯腰拾起付甜甜掉在地上的筷子，跑向灶房。江玉春放下脏筷子后，又在盛装筷子的篦里重新拿了一双筷子来递给了付甜甜……

　　离开江家前，高源借舀水漱口之时，悄悄地将十元钱放在锅盖下面……

6.

为梦想充电

　　星期一下午班会课上，高源在班上就上次他带着情绪上课的事向全班同学道歉："同学们，上周星期五，我在课堂上公私不分，影响了大家学习，对不起！请大家原谅！我保证以后不再发生类似事情。另外，可能有同学会猜测，究竟是谁卖了孵过鸡仔的蛋给我，告诉大家：那是一场误会。卖蛋的不是我们班的家长，是另有其人。这件事就到此为止，希望大家把精力集中在学习上。我们看得见的不一定都要相信，我们看不到的不要都否认。生活是复杂的，作为成年人的我，遇到一点沟沟坎坎的事是正常的，而我，在处理这件事上，不冷静，不客观，是不应该的。一个人做错事，有两种可能，一种是故意做错事，一种是无心做错事，我们不能片面地认为对方是故意欺骗我们。同学们，大家一定不要分心，需要我们学习的知识还很多，希望大家在成长的路途上，把磨难当阶梯，一直往上走。记住，老师深爱着你们每一个人，老师希望你们经得起风浪，在求学的道路上，能冲破一切艰难险阻，能不断地奔向成功。"

　　放学后，王德立来到办公室对高源说："今天，你没晚自习，还有没有其他安排？"高源感觉校长是不是有什么事要找他，便问道："王校长，我暂时没有什么安排。请问有什么事吗？"

"没有什么安排就好。等一会儿，跟我一起出去吃饭。"王德立微笑着拍拍高源的肩膀。

"好的。"

王德立稳稳当当地离去。

高源一向敬重王校长，他的自行车就是在王校长关心下才买到的。刚到学校上班时，回家很不方便，因为这里的班车太少了，一天只有两趟。后来，还是王校长帮忙搞到了一张很时髦的飞鸽牌变速自行车供应票。高源父亲把卖油菜籽的一百六十元交给他，他加上自己一个月的工资又在学校里预支了三十元，花了二百一十八元才把车买回来。

高源和王校长沿着河边走了一段路，翻过一道陡坡，来到候车站点附近，到乡上唯一的这家饭店的里间坐下。王德立先点了半只卤鹅，一份莴笋木耳肉片。然后，问高源："喜欢吃什么，点个菜吧。"

"随便吧。"高源小时候生活在无权挑食的年代，倒也养成了从不挑食的习惯。

"这里，可做不出'随便'这道菜啊！"王德立笑了笑。

"那好吧，我点一个芹菜炒肉丝。"高源为校长的幽默感也笑了，他点了一份菜。

过了几分钟，一个身着紫色薄毛衣，理着运动发型的女士走了进来。高源跟王德立几乎同时站了起来，"王乡长好！""家门儿校长好！"来人正是芦溪乡乡长王秀敏，她握住了王德立的手。打过招呼后，又握着高源的手问王德立："这位就是我们中学的才子高老师吧？""是的，他就是高源老师。""王乡长，您好！领导过奖了，我是您的一个小兵。""你好你好！高老师，我要向你学习哟！听我侄女说，你是来我乡第一个坚持在课堂上讲普通话的老师。做得好，做得好！记得当年我的语文老师是外地人，他一直讲四川方言，我也没学好，所以，参加高考时，拼音题就丢了两分。你们不要客气，坐下坐下。今天，这桌就只有我们三个人，不要分彼此，大家都随便一点。不过，高老师，我们今天在这里都讲四川话哈。"

见王秀敏这么随和，高源一点也不感到压力，就对王秀敏说："王乡长见笑了，我也只是在课堂上讲普通话，下课后还是说家乡话的。王校长的意见，主菜，还是领导来了请领导点。"其实，高源从来都不否认方言有时对环境气氛的烘托辅助作用，居住在同一个方言区的人讲同样语音的话有助于缩短感情距离。

"不点了不点了，这些都是我喜欢的，是家门儿点的吧？"王秀敏脸上一直挂着微笑。不像有的人，官不大，却摆出一副干部脸的样子，不苟言笑，假装深沉，高高在上，以显示威严。他们不知道，这正是死路，正是脱离群众的误区。

"那就再来份白菜汤，上一条红烧鲤鱼。"王德立招呼老板后，又问王秀敏："家门儿乡长，喝什么酒？"

"哈哈哈，校长请客，就不喝泡酒了吧，来点档次的。高老师，你说喝春沙还是沱牌？"

"王乡长，还是您来定。"高源没想到王乡长会把这种决定权让给他。高源心里是清楚的，他今天面对的是两位领导，自己只是一个小兵而已。乡长征求他的意见，让他定喝什么酒，只能说明一个问题，那就是美丽的王乡长修养极好，综合素质极高。王乡长眼里有特殊人才，就证明她是真有水平，真懂事业和仕途发展之道，没有自己的私人智囊团队，单凭一己之力，休想在人世间远行，更不可能建功立业。高源心里明白，装腔作势的领导，仕途不会长远。高源认为，凡领导者，一定要读《素书》，要深切地领会"地薄者，大物不产；水浅者，大鱼不游；树秃者，大禽不栖；林疏者，大兽不居"。谁读懂了这几句话的博大精深的内涵，谁就得到了为官的天机。简单地说，他就有效地避免了"地薄者、水浅者、树秃者、林疏者"这为官的四大陷阱。想到

这些，高源对他生命中的两位高人感恩不尽。

"家门儿校长，你的老师都有绅士风度啊！那我这个女士就定了哈！来两瓶春沙。听说高老师是酒仙，但今天我们是尽瓶不尽量。"春沙酒比沱牌酒少两角，一元三角一瓶。

"王乡长，您是女中豪杰，您才是酒仙！"

"家门儿乡长，这叫强将手下无弱兵。"

"好，不说别的了。这样，我建议，家门儿校长年龄稍长，今天喝半斤。其余的，我和高老师二一添作五。咋样？"

"好的，我赞成！"王德立先表态。

"行，我听领导的。"高源也表示赞同。

"高老师，别客气。酒桌上一律平等。其实，喝酒也是很考验人的，俗话说'酒品看人品'。"说罢，王秀敏提起酒瓶，将三个钢化玻璃杯斟满，一瓶酒就只剩一两。

高源双手先端了一杯给王秀敏，然后给王德立，最后给自己。

王秀敏端着杯子先站起来："我来敬一下你们，感谢你们为我乡老百姓培养了一批又一批优秀的子女！"

王德立和高源也同时站了起来，"我们感谢乡领导对教育的关心！"

接着，大家彼此又互敬，互斟。酒过三巡后，宾主都放开了。

王德立进一步向高源介绍道："高老师啊，王乡长也是江玉春的姨娘。"

"啊，王乡长，江玉春的母亲是您的姐姐？"高源想起了江玉春的母亲叫"王秀兰"。

王秀敏点点头，说："我这个侄女心气高，吃得苦。上次考了年级第二名，我奖励了她一套运动服。"

难怪前不久，江玉春穿了一套时兴的运动装。高源起身举起酒杯："王乡长，谢谢您对江玉春的关心鼓励！记得她在她的日记中写到过她的梦想是当一名女县长哩，她热心班集体事情，在学习上也起了很好的表率作用。要是所有的家长亲戚都像您那样关心学生，他们的进步就会更大更快。前几天，我还到江玉春家里家访，与他父母交换了意见。这是一株好苗苗，我真心希望她是龙上天。"

王乡长咯咯咯地笑了起来，显得特别高兴。"高老师，于公于私我都要感谢你啊！对我的那个侄女，我在经济上帮不了什么忙，只能在思想上给她鼓鼓劲罢了！学习上的事，我就更帮不上忙了，还得靠你们老师多指点啊！"

"王乡长，您放心！帮助学生进步，是我们分内的事。"高源说完，抿了一口酒。

"高老师啊，今天王乡长还想了解一下毕业班的一些情况。"王德立接过话头。

"是啊，高老师，我告诉你一件事：前不久，我到一个蹲点村里去处理一件民事纠纷。事情起因很简单，有两户农民为了一条田埂竟然打起架来，双方都指责对方为了将自己的田亩变宽，竟然将挨着自己包产田的作为人行道路的田埂挖窄了。我想，要处理好类似事情，除了要提高农民的思想觉悟，还要让学校教育好他们的子女，让学生反过来影响并带动家长进步。再有，就是要想办法鼓励学生考出去，不要只看得见自己的鼻子尖，不能两眼只盯住那一亩三分地，外面的世界多大啊！走得出去，发展的空间才大呀，如果将来有条件，甚至可以到国外去发展！特别是现在的改革开放，给有志者提供了更广阔的发展空间。"说到这里，王秀敏又看看王德立说，"你们算笔账，如果一个学生考上中专或中师，那会带来多少好处？"

王德立与高源想聆听乡长的高见，暂没表态。

王秀敏停顿了一下，接着说道："我想，至少有几个方面：

一是自己有个好前途，二是为家庭减轻经济负担和思想压力，三是农业社多出一两亩田地，四是学校和乡里也有了声誉，可以说是一举多得啊！"

对王乡长的分析，王德立与高源都不住地点头。

高源长期生活在农村，自然了解家长的想法，也明白王乡长说的，联想到当年自己考上中师转了户口后，自己原来分到的那份包产田地就给社里及时地收回了。听了王秀敏算的这笔账，他顿觉肩上的压力又增加了，从全县范围来看，竞争激烈，有的学校有时一年连一个中师或中专都考不上，也属常事。但他对自己明年即将毕业的学生还是充满信心。听了王秀敏刚才一席话，特别是那句"甚至可以到国外去发展"更令他心潮澎湃，于是马上表了态："王乡长，我们王校长对教学质量抓得很紧。目前，我们毕业班的老师责任心很强，并且随时分析和总结每个学生的学习情况。我们都有一个想法，争取明年多考几个。学生呢，他们的士气也很旺，不少学生综合能力较强，发展全面，各学科成绩平衡。在这种情形下，加上有您和王校长这样的领导，我们老师就是再累一点，也要把工作做好！"

"好好好，我们一起来喝一口，预祝我乡明年中考考出理想的成绩！"王秀敏提议，三人举杯相碰，清脆的声音响彻整间屋子。听了高源表态后，王德立尤其感到欣慰，因为班主任在一个班集体中的角色是主心骨，他是班上的魂。如果班主任有了决心，其他问题就迎刃而解。高源所带的班稳定了就算定了大局，下来再找袁华鼓鼓劲。看来，今天借王乡长之力取得了预期的效果。

接着，王秀敏又问王德立：高源在学校担任了哪些工作，王德立回答道："高老师很优秀，是学校的团总支书记，还是语文教研组组长。"

"高老师年轻有为啊！有闯劲。家门儿校长，还要给他压点担子，岗位锻炼人嘛！"

"家门儿乡长，您就放心吧。"王德立表态道。

"谢谢领导关心，我还有很多工作没做好。"高源对行政类的工作认识不到位，兴趣一直不浓，校团总支书记一职他都推了多次，考虑到原来任职的老师年龄偏大，才应承下来。

"高老师不要太谦虚了！"王秀敏笑着对高源说道。又看着王德立问道："学校还有什么困难吗？"

"家门儿乡长，目前学校初三住校生增加了。想请乡政府修一座水塔，以解决冬天停电时，用不上自来水的问题。"

听到王德立话后，王秀敏马上表态："按照《中共中央关于教育体制改革的决定》精神要求和县上制定的经费实行定额包干分级统筹的规定，明天我上班就向张书记汇报，争取在一周之内解决。还有其他困难吗？"

"你有没有？"王德立将最后的三两酒给王秀敏和高源均匀地斟上后，问高源。

"王乡长，冬天快到了，学校靠河边的四个教室有些玻璃损坏了，若是简单换一下也解决不了根本问题，因为不少玻璃透光性能差。我建议，选质量好一点的玻璃将靠河边所有的玻璃都换了。"高源脑子里浮现出学生用废报纸或作业本纸堵玻璃破洞的情景。

"不要说冬天冷风灌进来不好，就是光线不好也会影响到学生的健康。学生的事不仅是学校的事，全社会都有责任。这事怪我平时到学校的时间不够，这件事也要马上解决。谢谢你们！"王秀敏举杯饮了一大口。

王德立和高源两人听了心里觉得热乎乎的，也举杯饮了一大口。

当最后还有五钱酒时，王秀敏举杯对王德立说："家门儿校长，高老师周末就要到高校去学习，让我们祝他学习愉快！宝山

有获!"

"谢谢两位领导!我先干为敬。"高源对王乡长知道他要去进修的事感到有点儿惊喜,兴奋地举杯一饮而尽。

这时,乡政府一个工作人员来找王秀敏,要给她汇报一件事,王秀敏就此和二人握手告辞。

结账时,高源主动去付钱,王德立叫他在老板那里开张收据。回校路上,王德立夸他今天表现好,并叫他第二天到后勤那里去把今天的餐费报销了。

"舅妈,我老舅呢?"高源将一包茶叶交给舅妈。

"在楼上,养花,上去吧。"舅妈给他扬头翘嘴。

"好嘞,舅妈。"

打完招呼,高源开始欣赏老舅那怒放的菊花。口中念念有词,白的,黄的,红的,真是群芳争艳,当仁不让,齐心合力,心向苍天,香献大地啊!

"哟,高源,你心溢喜事,必有图谋,快说说,什么好事。"

俩师徒坐下来喝茶,聊天。

"老舅,我正积极要求入党,对我今后的发展,会增添更大的力量。"高源就把陪王乡长、王校长吃饭的事,与他们的交谈内容,向老舅一一汇报。老舅是高源的师傅,高源是老舅的爱徒。老舅愿意将一生集聚的能量灌注给高源。

老舅说,你内心坚韧,脸上却不带傲气,这一点极好极好。你对黄石公有所了解了,下一步要研读庄子的才情,庄子处世的高度,庄子清晰而茫茫的生命境界。懂庄子,人可以达到无忧的境界。有些东西你现在还无力明白,但要往那条路上走。走久了,慢慢地就有感觉了。

老舅说,读书,切忌贪多,要少而精,如读兵法。看书,要博览,越多越好,越杂越好。读书是武艺,看书是兵器。一个人，练就了精湛的武艺，兵器到了他的手中才有用。

老舅说，我们现在教学生读书，有点像父母拉扯孩子，偏重把孩子养大成人，至于他长大了，有无本事，本事有多大，父母就顾不到了。这是一种偏重于兵器，轻视练功夫的教育。表面上，十八般兵器都会，但实战能力很弱。所以有的大学生走向社会，也只是一个普通工作人员，大都缺乏一招制敌的绝技。不但不敢心怀大梦，就连做个小梦，也胆小如鼠。为什么呢，就是自己没有练好武艺，艺高才胆大嘛。

老舅说，许多人在人生的战场上失败，一个根本的原因，是他单打独斗造成的。他不知道三脚架的稳固性。刘备不遇关羽、张飞，那么就一个卖席，一个卖枣，一个卖肉，就没有了后来的三个盖世英雄。许多人不懂文武之道，所以行而不远。刘、关、张三兄弟，可以说没有他们不敢打的敌人，却成不了大事，水镜先生指点刘备，武强而文弱，一只翅膀飞不起来。后来有了诸葛亮加盟，这个团队从此称王，称帝，与曹操、孙权平分天下。一个人推不动一个大石头，是正常的，找几个人来帮着推，不就解决了吗？

老舅说，世间有一些误人的理论，要懂得绕开。比如接力赛这个说法就非常误导人。这个接力赛是小众理论，不可统而论之。有的职业、行业需要接力赛，有的是不需要接力赛的，一个人就可以完成，一代人就可以做到。比如当作家、画家、科学家、企业家等，这些哪里需要接力赛。不要把梦想寄托在儿孙身上，自己能走多远就走多远。要知道，大才是在一种适宜他生长的土壤中，经过特殊训练造就的，不是单靠培养而产生的。

老舅说，你现在面临的都是小事，只要用点心，把握好就行。但是如果你决定今生要当一个作家，首先就要有一个迎接一次次颠覆性洗脑的灾难式过程。作家，要有只属于自己的视角和世界观，要有只属于自己的审美和对宇宙的认知；作家，绝对不

能苟同任何人向你解读的世界。在这之后呢，为人类探求一条最美好更光明的路。当然能做到这点的作家是极少的，但要这样去追求，去为伊上下而求索。

高源说，谢谢老舅。我才刚刚开始走路，连自己的梦想都还没有完全成形。但自己认定是要拼搏的。老舅的智慧，一定可以照亮我前进的路。

星期六中午，高源召集班委交代一些事。按惯例，他走后他上的学科均上自习，班上学生把他布置的作业完成后自由安排。因为各科老师的课都较重，加上他教的学科知识也需要消化和推进，就不必调课或者请人代课了。

下午，高源乘车到了灌县都江教育学院，已过六点，他和几个同学在外吃罢饭后回到寝室，复习写作通论。几小时后，有同学提议到县城南桥去吃烧烤，他推托准备得不充分，便没去。高源知道，自己来学习不容易，按政策规定，学校每天还补贴生活费五角钱，加上工资，他们函授的学员每顿均可以吃小锅小炒，引来了不少应届大学生弟妹们的羡慕。为了这个大学梦，他曾经差点得罪自己的叔叔。有次，他去探望叔叔，叔叔高兴地拿出自己才穿过一星期的皮鞋给他，而他没有接受。叔叔开始还以为他嫌弃，其实，他除了不忍心穿走叔叔仅有的一双皮鞋，还因为他心中早就埋下一个愿望：那就是要考上大学。他在高中时，记住了一位历史老师讲的话：考不上大学就穿草鞋，考上大学才穿皮鞋。一个人，有时候就得认死理，决不允许自己后退半步。高源知道，一个没有性格的人，是不配有梦想的。

生活太安逸了，就会降低对人生价值的追求。高源给自己的学生说，向雷锋学习——就要学习雷锋在学习上向比自己高的人看齐，在生活上要向比自己低的人看齐。其实，他也是率先垂范、身体力行的。高源到学校工作时，给自己定了个标准：工作取得成绩才穿白球鞋，考上大学才穿皮鞋。

第二年上半年，他参加全县语文教材教法考试，取得前几名，县上奖励了他一条浴巾和一把自动伞，他也用自己一个月四分之一的工资买了一双白球鞋奖励了自己。

第二年暑假，按要求，中师工作满两年的教师可以考函授大学。他通过成人高考实现了自己的大学梦，于是，他向一个朋友的父亲借了五十元买了双皮鞋，再次奖励了自己。

自从参加了函授学习，他更是焕发了青春的活力，除了完成工作上的任务，还有一个念头就是要加强自己的境界修养和知识储备，永远顺应时代潮流的发展，为农村教育奉献自己的聪明才智。

他激动地在日记本上写道：

早晨，6点起床，我对蓝天说：今天是属于我的。

晚上，12点睡觉，我对大地说：今天我是幸福的。

以后的日子里，高源的时间安排自然而然地形成了这么一个程式：锻炼—上课—辅导—备课及改作业—函授学习。

当室友们出去时，他又一次打开课本，边看边在草稿本上勾画着；一会儿，又合上书，冥思苦索，在大脑中放电影式地回忆……

第二天，考试《写作》。高源用了四十多分钟做完基础理论试题后，开始写作文《发生在家里的事》。

这个题目看似平常简单，其实，它蕴含的内容实在是丰富无比。

高源将钢笔先放下，沉思起来。打自己小时候记事至今，家里发生的一件件事情像一幕幕画面迅速在自己脑海中闪现……他觉得有几组画面慢慢放大，定格，都与"泪水"有关。他有些激动，有点哽咽，眼眶湿润了。画面一：因为吃了盐煮嫩胡豆口渴，在自家屋前面的水凼边，三岁的高源不听哥哥劝告，执拗要去捧水喝，结果头重脚轻，从生了青苔的石头上滑入水中。五岁的哥哥伸手去拉他却拉不上来，吓得哥哥哭喊着回家叫来奶奶，才将他救上岸。画面二：火热的八月，七岁的哥哥和自己从池塘边提着一串逮来的各种昆虫回家时，远远地发现家里浓烟滚滚，烈焰万丈。哥哥想起妈妈的床上还躺着半岁的小妹，一阵风跑到家一头闯进火中，很快就把小妹给抱出来了。过了一阵，在生产队干农活的妈妈才匆匆赶到家，她看着仍在甜甜熟睡的女儿和满脸是灰、满眼是泪的大儿子，号啕大哭起来。画面三：为了祖国母亲的安宁，十八岁的哥哥奔赴西北高原，顶风霜冒雨雪苦练军事技术，两度荣立军功章；起早贪黑如饥似渴学文化，从连部、营部、团部到师部、军部搞宣传，在三千多个日夜里，尝到了无数的酸甜苦辣，他也曾为哥哥暗自流过敬佩的泪。画面四：他因为学生蒋莲梅的悲惨遭遇和李喜弟的不幸牺牲流过泪，为教师的低收入受过暴发户的奚落羞辱却不改职业梦想而暗自流泪……他耳旁再次响起兄长的话语："我们不应该嘲笑自己的理想，当理想还没有实现的时候，是不那么漂亮，甚至像没有成熟的水果，是苦涩的。但是，人类今天的文明，就是梦想这棵树上盛开的花朵。假如人类没有梦想，今天，我们还会像原始人一样吃生的东西，或者赤身裸体。"

高源在草稿纸上勾画着，通过这几组画面确定了一个主旨：为了母亲少流泪自己多流泪，为了母亲不流泪自己先流泪，男儿泪是高尚的泪、幸福的泪。

拟好提纲，开始动笔。写作过程中，他噙着泪水，有点儿情不能自已，几经搁笔后才完成这篇作文。

下午，学院有个心理学教授义务举办《提高记忆力》讲座。教授运用这几年的调研报告成果，论证分析了有损大脑记忆的食品和健脑食物，讲解了提高记忆效率要懂得如何利用最佳的时间段，怎样进行记忆的材料互换等。因为没课，高源去参加了，做了满满的几页笔记，决定把这些知识带回去，启发班上的学生。

两天后，中文教授帅树明先生阅完卷，在班上公布《写作》考试成绩：高源综合得分八十七点五分，在全班六十六名同学中名列第一。同学们向他投来羡慕的目光，他报以微笑，心里说道："谢谢教授！谢谢大家！也谢谢自己拥有一个将来成为作家的梦。"

当天晚上，他又去图书馆查了名家谈写作的一些资料。返回寝室时，在学院门卫传达室收到林婧的来信。他兴奋地带回寝室，小心翼翼地拆开，轻轻一抖，一只洁白的纸鹤飞了出来。女友将信笺纸拆成了鹤的形状，高源为女孩子缜密心思和浪漫情怀感动了。他读完信后，又谨慎地顺着原有的折痕合拢放进信封。

他喝了几口茶，很惬意地躺在床上，再次将信笺掏出，又仔细地品味了一遍。林婧说起上次在仙女山游玩，感到很开心。希望能时常和他一起到野外去踏青，共享人生的美好时光。恋情在高源心中涌动着，他感到一张秀美的脸庞在徐徐向他贴近……他慢慢地起身坐在床边，提笔给女友回信。他先向林婧介绍了这几天自己的学习情况，诉说相思之情，后来联想到今年搞野炊去仙女山的情景，决定用特别的形式再次向恋人表达自己的浓情蜜意：

心中情
——赠林婧

今年的仙女山
我看到了
鲜活的仙女
有你同行
方觉仙女柔情

传说中的三娥山
似乎很神奇
因与你同行
方觉她的秀丽

怎可忘记
那个美好的日子
三娥姑娘倾洒花雨
幸福的欢笑温暖大地

梦中的回环
犹新的记忆
时时轻挽
伊人的香气

即便隐去一缕光阴
也抹不去串串足迹
山脚山顶
疯长着爱的甜蜜

朦胧的月华中
三娥仙女幻成了你
一辈子的眼神
都存放在我们心里

高源写完，又在"赠林婧"后面加了个"（一）"，他决定要把这爱的诗篇一直写下去。

刚写完，三个室友看完电影回来了，看见高源正在装信。田益君笑道："高兄在写情书嗦？"

"是的，怕冷了女朋友的心嘛！这还不是见贤思齐，让你们给带坏了！"高源笑着坦白道。

"哟，得了好处还卖乖。"一个叫夏小文的室友说道。

"我提议，今天高源是双喜临门，我们看完电影也饿了，叫他办招待，怎么样？"一个叫苏嘉的室友高声说道。其他两人立马附议。

四个年轻人说说笑笑地来到校外一家面馆。田益君说，谈恋爱时，彼此是"仙人"；结婚后，双方都是"凡人"；再后来，哪个都是"嫌人"，"嫌弃"的"嫌"。爱情的眼神在今晚的电影里，只美好了半个小时，爱情只是生活的调料，生存搅起的矛盾，才是生活的主食。现在，我们每人端着一碗热气腾腾的酸辣面，是面重要呢，还是辣椒、葱花重要？夏小文说，高源正在爱情的甜蜜里，如果你这个过来人今晚把他得罪了，他不买单，那就重要得不得了啦。众人跟着笑了十秒钟。

一天下午，室友田益君拿着信走进寝室大声嚷嚷："你们三个书呆子都把手中的事停一停！老夏和小苏猜一下我手中这封高兄的信，是出自白丁的手，还是出自佳人的红酥手？但是，高兄先别开腔哈！"

"这还用猜，凭我的智商，一眼就能看出是个女孩子的！高兄，你说是不是？"苏嘉抢先肯定地说道。

高源遵照田益君叮嘱，笑而不答。他一看那娟秀而熟悉的字迹，且是用纯蓝墨水写的，一定是林婧写的。这半年来，她说纯蓝墨水更能衬托出青春的气息，更能印证纯真的爱情。

"那你能不能猜出这封信的内容？"田益君马上提出第二个问题。

"这恐怕不好猜吧。"夏小文摇摇头。

"这有何难！"苏嘉故意卖一个关子，他停顿了一下说，"如果我猜出，办我一个什么招待？"

"一份单锅小炒酱油肉丝。"田益君说。

"不行，我要两根卤猪蹄。高源一根，你们两人再合买一根给我。"

"好吧，你先猜。"田益君有点迫不及待了。

"这是一封情书。"

"何以见得？"

"就凭信封上地址栏目的'内详'两字，足以说明也。'内详'是当前流行的情书信封专用语言，免得有人看到详细的地址后东打听西打听，即便收信人没收到也找不到地址退回，这就引不起什么风波来。如果不是情书，信封上就是详细而准确的地址。"说完，苏嘉露出狡黠而得意的笑容。

"不见得吧？虽然信封上写的是'内详'，可是邮电局盖的邮戳也能暴露目的地的。"夏小文反驳道。

"不需要再讨论这么简单的问题了，到处都有邮电局的门市，很多女孩子，特别是初恋的女孩一般是不会在当地寄情书的。高源，你说我分析得怎么样？"

"Ok，高手，实在是高！"高源向苏嘉竖起了大拇指，并从衣服口袋掏出五元来递给他。高源不得不佩服苏嘉的分析，那时，教师的地位在任何一个地方都不算很高。爱情对男教师来说也是一种奢侈品，有些偏远的山区，男教师要找一个居民户口的姑娘是很难的，若要找一个既是居民户口的又在集体所有制或全民所有制单位上班的姑娘就难上加难。男教师谈恋爱，也会成为一个地方人们议论的新闻。所以，在正式工作单位上班的姑娘在选择对象时，顾虑较多，在处理这类事情哪怕是细小之事都是慎之又慎的，其中一个原因是怕别人嘲笑自己没有眼光。

"多谢多谢！过奖了过奖了！"苏嘉接过钞票，左手抱拳笑道。大家都笑了。

田益君忙拿出两元来给高源："说好的，怎么能让你一个人破费呢！"

"对对对，不能让高兄一个人出招待费。"夏小文接着说道。

"都是弟兄伙，就别太计较了，今天我做东。"高源盛情道。

"那好，我们去采购，就不打搅高兄写情书了！"田益君招呼苏嘉和夏小文出去了。

高源打开信封，一只粉红色的纸鹤飞了出来。

他背靠被子，悉心地读了起来。林婧在信中说，这个星期在全区上了一节小学数学公开课，区教研员夸奖她的课上得很成功，并要推荐她到县上去参赛，她正在积极准备。又说，这段时间很是想念他，真想请几天假来陪伴他。

一股暖流涌遍高源全身，他想到这段时间实在繁忙，两人已有一个多月没见面了，思念之情与日俱增。他在信中劝慰恋人说：我真想马上长出一对翅膀飞到你的身边！我们的人生还很单薄，事业的根基还不扎实，爱情之花若要艳丽，还得多辛劳多积累。我们还很年轻，未来美好的岁月正等着我们。我这次半个月学习一结束，就立即回来向你报到……

不知不觉，信笺就写满两篇。高源在心里笑了一下，又接着上次的爱情诗，写第二首：

心中情
——赠林婧（二）

有多少时候，
我都在向你招手。
快来吧，
承载我梦幻的白帆。

多少时候，

我都不得不捂住胸口；
快跳出来的那颗心儿，
已蹦跳在你的左右。

我总是这么思念呀，
我总是这么痴痴地爱恋；
看梦想的花朵娇艳绽放，
看轻灵的蝶儿倾诉衷肠。

悄悄握着你的手，
一眼消却万千愁！
此时身暖心甜透！
爱也悠悠念也悠悠。

白日相思追日转，
转到夜晚皓月现。
比贡献看谁更风流，
走过崎岖风光秀。

这几天，高源和同室学友都在认真复习教授发下来的各种资料。祖国应该高兴啊！我们这一代年轻人都这么喜好上进，乐于拼搏。这是一个大众愿意奋斗的好时代，这种人人愿意奉献的氛围，多么珍贵啊！特别是夏小文，有时连吃早餐的时间都用在学习上了。有几次，都叫高源和其他人给他带回馒头、稀饭到寝室里吃。这时节，全国都在提倡向英雄模范学习，这种为美好明天而学习的浪潮，如能涌动一百年，那强我中华，实现中华民族的伟大复兴，就一定能够如愿了。

这一天傍晚，高源饭后提议道："明天又要考《文学概论》，哥们儿几个是不是该出去透透气。若怕耽搁学习，就各自带上书本，别成天闷在校园里。"

于是，四个人带着资料散步到了都江堰外江江边。深秋的岷江水不再迅猛，但依然湍急。清澈的江水带着雪白的浪花一路欢唱而去，沙滩上大大小小的石头躺在那儿，似乎在向游人讲述着夏天的追求，和江水勇往直前的意义。清新的空气夹杂着一股股清冽袭来，让人禁不住哆嗦。

"不走了，歇下来。看看书，提提问，答答疑。"夏小文一提议，大家各自找了一块大石头坐下，围成了一个圈。

一个时辰过后，山风江风一同刮来。大家感到有些冷了，也复习得差不多了。合上书，大家慢慢朝校园方向返回。

这段时间，总共考了两门。第二门《文学概论》夏小文考了第一，他请大家去城里一家馆子搓了一顿。此后，系里安排了三门课程，只不过要等下学期结束再考试，大家心情稍微放松了。每天，大家就是听讲，整理笔记，复习预习，做作业。

一眨眼，面授学习时间就只剩下三天了。

这一天下午下课，高源收到两封信。其中有封信是江玉春写来的，说班上的情况良好，同学们学习都很自觉。只发生了一件让戴老师有点儿生气的事，是繁卫东不想当数学科代表了。具体情况，她还不清楚。高源看了一下时间，距食堂开饭还有半个小时，他忧心忡忡来到城里，找了家公共电话亭。拨通了学校电话，给戴老师交换意见，感谢她这段时间为班里的事操心，并说繁卫东是一个优秀的学生，他可能有些难言之隐，请她多担待！这几天数学学科方面的事就让班长暂时代替做一下，请她相信，他学习结束回来一定会妥善处理此事的。戴老师表示理解，请高源放心学习。

高源径直来到学院伙食团，狼吞虎咽地吃完饭，回到寝室，就赶快拆开林婧来信。这次女友的来信有点冷冰冰的，信笺里夹着一片红叶和一瓣早已干枯了几个季节的李花。林婧说，她父母不同意她这个独生子女找一个家庭经济负担太重的对象。另外，她把高源写的信给同校的密友看了，密友对她说，凭高源的才华，说不定有一天他发展了，就会瞧不起她这个小学教师，会与她分手的。长痛不如短痛，最好现在就断绝来往。林婧还说，你说得对，我们现在都还年轻，应该以事业为重，个人私事就暂且放下。最后她说，我们可能不再适合交往，就彼此忘了吧！还是让我们做志同道合的朋友，保持像这片李花一样纯洁的情谊。

读罢恋人的来信，高源觉得脑袋"嗡"地响了一下，有些晕了，第一次尝到了失恋的苦涩。

昔日与林婧相处的一幅幅画面在眼前闪现，耳边不知怎的竟响起一曲忧伤的歌曲：

自从相思河边认识你，就告诉心儿我们永远永远不分离。青青的高山茫茫的大海啊，一个守候一个欢喜。当狂风搅起海啸搅起心里的迷茫，我的姑娘要离开我的身旁。遥远故乡滑落流星的月亮，今夜你为何同我一样忧伤？再会吧，从我心上摔碎的美若天仙的姑娘，从今往后，我跟随苦难的心到处流浪……

他始终想不明白，当初，林婧的父母是了解他家里情况的，只是说他的负担重，勉励他要发奋努力，将来只能靠自己了，并没有表示反对女儿与他交往啊？此事让他感动良久。林婧父亲是医院里的医生，母亲是护士，家里的经济条件比自家好。林婧心地善良，又有上进心，是可以终身相伴的人。林家一家人并不势利，也很尊重自己的家人，让自己也有面子。可现在为什么会这样呢？她上封信不是说过还想来这里陪伴自己学习吗？为什么这封信的态度就来了一百八十度的大转弯呢？！这是不是就像人们常说的"女人心，六月云"，阴晴不定呢？搞不懂，搞不懂！高源狠狠地捶了一下桌子，"哗啦"一声，一只茶杯被震落到地上摔碎了。

　　恰恰在这个时候，室友回来了。见此情景，三人都怔住了。倒是苏嘉反应快，他看见高源手中捏着一张纸，似乎明白了什么。他轻轻走近高源："能给我看看吗？"四个来自不同学校的人早已成了无话不谈可推心置腹的朋友了，高源将信递给苏嘉。他觉得自己刚才的举动有些意气用事了，说了句"不好意思"，就赶紧俯身下去捡碎磁片，夏小文和田益君一人提撮箕，一人拿扫帚，将地面清扫干净了。

　　"哈哈哈，这一着在兵法中叫什么来着？哦，对对对，叫'投石问路'！"看着苏嘉手舞足蹈的样子，众人莫明其妙，丈二和尚摸不着头脑。

　　"神经兮兮的，究竟是怎么回事？"田益君问道。

　　"哎呀，你们不知道啊，高兄虽说没失恋，但肯定尝到了失恋的滋味。"苏嘉停顿了一下，接着又看着田益君说道，"其实呢，这种事在我们这些过来人面前，那就是小菜一碟。当年，我现在的这个女人为了考验我，还当着我的面吃过一大把安眠药呢。为什么她敢这样做？因为我们家就住在医院附近嘛！"

　　苏嘉这么一讲，大家都感到一阵轻松。没人讲话，看着他继续发表高见："这其实就是林姑娘对高兄的一次考验！像这种恋爱中的小插曲，在林妹妹与宝哥哥之间已是家常便饭，高兄是读过《红楼梦》的人，该是想得起的。"

　　"谈恋爱这种事，人家高源也是大姑娘上轿头一回，哪像你这个恋爱'研究生'！"田益君指着苏嘉，笑了笑。

　　"当局者迷，旁观者清。高兄太痴情了，可能已坠入情网！"夏小文也打趣道。

　　田益君和夏小文已结婚生子，苏嘉也谈过几次恋爱。三个过来人一起介绍经验，帮助高源分析情况，指点迷津。

　　苏嘉首先质疑道："别的不说了，你们听我讲：请看，林妹妹把洁白的李花花瓣和红叶一同寄来，这寓意是什么呢？"众人看着摆在桌上的两片物品，面面相觑，不知个中玄机，只待他说下去。"如果林妹妹真想绝交，只放李花就行了，又何必再放一片红叶呢！其实，这就是一道友情与爱情的选择题，明白了吧？"

经苏嘉这么一点拨，大家顿时恍然大悟。田益君和夏小文对苏嘉的分析赞不绝口，"高手，不愧是高手！""佩服佩服！"

三人行，必有我师。苏嘉的一席话更加坚定了高源对爱情的信心。高源心里对几位同学十分感激，是他们帮助自己破解了一道爱情谜题，使他迅速地通过了爱情的迷宫，差点儿因为冲动而断送一桩美好的爱情！

"谢谢好哥们儿！因为林婧学校没有电话，我想赶紧修书一封，再次表明决心。三天后恰好是个星期天，我想邀请她来青城山游览一下。明天就去邮局投递，两天后，她可能就会收到信。你们几位师傅说怎么样？"高源兴奋地将心中想法和盘托出，征询三位过来人的意见。大家表示赞同。苏嘉还建议，为了郑重起见，这封信用挂号寄出。高源心中的迷雾终于散去。

高源将收到信后的沉重心情和这段时间没陪伴林婧的歉意表达在字里行间，并表示一定会与心爱的姑娘携手建设美好的未来，做到事业和爱情双丰收，绝不辜负所有关爱过、帮助过自己的人。"诚望婧妹妹收到来信后，来看看青城风光，我在灌县躬迎！"最后，继续写下爱的诗篇：

心中情
——赠林婧（三）

林婧林婧林婧
让此信捎来一颗真心
天上人间
深情永远和你相伴

爱的世界

轻飘着一片红叶
我将跟随这颗红色的心
构筑我们幸福的美景

就让李花蜕变成茉莉
用品质沏一壶好茶
茉莉花呀茉莉花
留得芳香谱年华

源婧双双乘风起
同踏云彩览瑰丽
两不相负共岁月
太阳月亮话知己

岁月有情歌有情
阿哥阿妹人间行
了却夙愿返天庭
相看不厌万世情

"'岁月有情歌有情/阿哥阿妹人间行/了却夙愿返天庭/相看不厌万世情'。神人呀，神人呀！秀才就是不一般！这是爱情的誓言。'了却夙愿返天庭'，这是心灵呼唤仙人！这是新时代的天仙配！真是字字珠玑，掷地有声，情真意切，可谓感人肺腑，催人泪下于天上人间。高兄，你已俘获了我的芳心，祝贺你，考验过关！"苏嘉看完高源的情书后，一边点评，一边双手捂胸，大叫不想活了，又忙里偷闲伸出舌头，做了个鬼脸。余下二人，听得双眼发直。

星期天傍晚，满载而归的高源刚到办公室坐下，繁卫东就向他交了自己的周记本:"高老师,您回来了!这是我这两周写的周记,先交给您看看。""好的,你先去上自习吧!"

高源翻开繁卫东的周记本,先翻到自己离校第一周卫东写的:

11月17日　星期日　雨

这一周,高老师去教育学院读书了,我觉得心里空落落的。各科的知识点,自己学得比以前扎实了,但是我心里还有点乱,那就是不想当数学科代表。

前三天,在语文课上,同学们进行了复习预习,都觉得完成得差不多了。于是有不少人开始读报,看杂志小说。

后三天,有人在语文课上做化学练习题和数学题。由于这段时间的化学题太多,使得有些基础差的同学无法及时完成其他科的作业了。每天,都有不少同学来问我数学题的解法,我有些吃不消了。昨天,有个同学有两道题做不起,来问我。我给他讲解,他却在东张西望,耽搁了我许多时间,弄得我的作业还来不及按时完成。我批评他几句,他竟然奚落我,说我有什么了不起,还不是一个"降班头儿",我真是有苦难言。

我怕这样下去,考不上学校,对不起爹妈,更对不起高老师。当初,要不是高老师亲临寒舍,我今生已与学校无缘,是高老师重新点燃了我人生的明灯,我要好好把握这最后的机会。

贫穷已让人感到可怕了。记得上次,高老师到我家给我妈妈带来的二十个鸡蛋,煮了两个给妈妈吃,其余的,竟被爸提到街上去卖了!因为欠了两元的电费,爸说,社长已经发话了:再不交,就断了我家的电……

一想到母亲的病,我就心如刀绞。我恨我爸,我更恨贫穷！是贫穷将我爸逼成那样的。

　　我下周上学时就向戴老师辞去数学科代表。我不想当班干部，只想考中专，考上医校，当医生，治好妈妈的病。若因班务工作影响了学习成绩，我会恨这个班的……

高源看完这篇周记，心情一下子变得沉重起来，他感觉办公室有些颠簸。记得十七日那个星期天，路过学院传达室时，那个黑白电视机里正在播放天气预报：全川都是晴天啊！怎么繁卫东心里却在狂风暴雨？一定要让他的心里阳光起来！他接着看第二周的周记：

11 月 24 日　星期日　晴

　　这周是我心情渐入佳境的一周。

　　周一，我向戴老师辞去数学科代表一职时，她很生气，但她没有批评我，只是让我下来好生想一想，再做决定。在数学课上，她反倒批评有的同学不懂"学问"二字的真正含义。戴老师对"学问"的解释很独特："学问"是以"学"为主，"问"也主要是多问问自己，而不只是问别人，更不是一遇到问题就去问。看来，班上的同学颇受她的启发，随便来问我的人少了。好像戴老师察觉了我的一些顾虑，老师真有点神了！

　　星期三，政治课下课后，王校长叫我到办公室，表扬我在解答论述题时能紧扣论点，阐述有条理，联系实际恰当。中午，还特地奖励了我一份回锅肉。王校长说，我们这一届希望很大，肯定能多考几个领国家粮的人。

　　这一周，我在晚自习时，试用了高老师的抄写学习法，很见效。抄一遍相当于学习了五遍，最淡的墨水胜过最强的记忆，此言不差！加上回到寝室与副班长一起又相互抽背，更增加了记忆的准确性。现在，我们都能一口气将初中所学过的背诵篇目和段落全背下来了！

今天是感恩节，我又一次想起高老师时常告诫我们的话：有百分之一的希望，就要尽百分之百的努力。今生我一定不会忘记王校长等老师们对我的恩情，我一定要加倍努力，和同学们一起努力，力争实现自己的梦想，将来为建设家乡、回报社会做贡献。

高源看完第二篇周记时，他的眉头舒展了，这个星期天是一个阴天，但阳光却已经洒进了繁卫东的心里。他想，该找繁卫东谈一次心，趁热打铁，再给他打打气。

在班会的第三个环节"班主任心声"，高源讲道："同学们，我首先要感谢你们！感谢你们在我离开的这两个星期里没有让我在远方为班上的事操心，让我能静心求学。居里夫人说得好——'一个人不能战胜自己，那他永远是个奴隶。'只要做了学习的主人，做了时间的主人，做了自己的主人，人生就不会留下太多的遗憾。在这里，我也要向大家汇报我的学习情况。我很自豪地告诉大家，我班有来自全市各地学校六十六名教师学友，在这次考试中，我的写作学科考了八十七点五分，在班上取得了第一名！"当高源说到这里时，全班响起了一片掌声，教室里洋溢着欢笑。

"记得作家刘亚洲说过，如果你自己不奋斗，难道要让别人帮你奋斗？让国家帮你奋斗？只有靠自己奋斗，才能改变自己的命运。也只有我们每个人的奋斗，才能汇聚成全民族的奋斗，民族复兴的大业才会实现。请大家再看一下我们的教室，你们左边那幅标语：要改造社会，首先就得改变自己。同学们，要始终牢记你们前方的班训——'战胜困难，赶超第一'。同学们，你们比我还年轻，让我们在各个方面来比赛，看谁取得的成绩多，看谁为社会做的贡献大。你们有没有信心？"

"有!"几十人的声音整齐划一，铿锵有力。这声音让教室瞬间具有弹性，高源感到教室明显地膨胀了一下。

"同学们，对处理好'学'与'问'的关系，戴老师已给大家阐释清楚了，我就不再赘言了。我在这里，还要夸夸我们的班干部们，他们在学习、工作、锻炼和劳动等方面处处做表率，除了搞好自己的学习，还帮助同学们一起进步，为班集体做了很多事情，让我们用掌声表达对他们的敬意和谢意! 最后，我再说一说如何处理人和人之间的关系，与人相处，要多学习别人的长处，如果把别人的长处加上自己的长处，那我们不就进步得更快了吗? 要少看别人的短处，更不能揭人之短，揭短一是伤了和气，二是阻碍了自己上进。"繁卫东听了班主任的话后，心花更舒展了。

这一周，谁也没提繁卫东不当科代表一事，繁卫东也像往常一样在履职。星期六放学时，高源将繁卫东叫到自己的办公室里坐一坐。

"卫东，班上就只有我们两个是'眼镜儿'。你最近的视力下降没有?"高源笑着关切地问道。

"还没有。"繁卫东扶了扶镜架回答道。

"那就好，但还是要多注意用眼卫生。"

"谢谢高老师!"

接着，高源转入谈话的正题:"记得奥斯特洛夫斯基有这么一句名言——'只为家庭活着，这是禽兽的私心; 只为个人活着，这是卑鄙; 只为自己活着，这是耻辱。'你学过《社会发展简史》后就知道，人不可能孤立地生存在这个世界上。生活在一个群体之中，要尽力做一些有利于集体、有利于他人的事，人活得才有价值。重复是学习之母。有时给同学辅导一次，对自己学的知识又是一次巩固。这样做，利人利己。不过，针对不同的人所遇到的不同问题，要灵活处理，讲究效果。"高源在对繁卫东谈了辅导的益处后，还表扬繁卫东这学期以来在班上起到了很好的带头作用，"戴老师也夸奖你。戴老师说全班的数学成绩总的有了提升，并希望你在辅导成绩差的同学时，也不要忘了自己的学习，对自己要有更高的标准。"繁卫东明白，老师是针对他周记字里行间流露的不正确的思想进行了委婉的批评，并对他的消极情绪给予了及时的疏导。他边听边思索，怀着激动的心情说："谢谢高老师，我会记住您的指导，知道今后该怎么做了。"

最后，高源对繁卫东说："百善孝为先，天道酬善。你关心你母亲的健康很对，只要你有这种念头，我相信你会实现你的心愿。你先帮我检查一下今天同学们默写的作业，等一会儿到我寝室来一趟。"

高源立即到供销社副食品门市部，将国家供应给自己的鸡蛋买了，又向付正平借了鸡蛋，凑成二十个。正要出门交给繁卫东时，他突然想到繁卫东在周记提到的上次到他家送蛋后的情况，担心繁卫东父亲又将鸡蛋拿去卖了作为他用，于是又退回寝室洗了十个，加上佐料，点燃煤油炉煮了。他想，即使鸡蛋又被繁发银给卖了，那也只能卖一半，至少还有一半能给宋明芳补补身子。

刚把煮熟的蛋装好，繁卫东就来到高源寝室，高源叫他把鸡蛋给宋明芳带回去："请你代我向你母亲问好！记住，放在上面口袋里装的熟盐蛋不能放久了，要尽快吃。"繁卫东再三推辞不肯接受，高源脸色乍变，嗓音也提高了几许："这又不是给你的。男子汉，婆婆妈妈的干什么！老师的话也不听了吗？"见繁卫东脸色有点挂不住了，高源又用极柔和的声音说，"卫东，老师帮不了你许多，这也只是老师帮你减负的一点心意，为你鼓劲的一点情意。我相信，鸡蛋吃在你妈妈的嘴里，但力气，会转换到你的身上。收下吧！"随着一声"嗯"，他看见繁卫东眼眶湿润了。

鸡蛋，在经济发展滞后的芦溪乡，本也算不上什么稀罕物，价格也并不贵。一般大小的鸡蛋价格大概一元一斤，一斤约有十个。可是，那时庄稼人要想凑点油盐钱，还是卖几个鸡蛋方便些。只要家里喂养有两三只母鸡，都不是难事。不像卖稻谷或卖洋芋，总要受时节的限制。正因为如此，一般农户还是怜惜它，不肯随意就吃一角钱一个的鸡蛋。在川北，曾经就发生过一场跟鸡蛋相关的闹剧：一个狂人，想在本地树立威望，便将家里的几十个鸡蛋煮熟分发给生产队里的人吃，并声称这些蛋是"龙蛋"，是玉帝派他下凡到人间的，过不了多久，主席都会让位于他的。队里一些人竟然相信了他的鬼话，后来当这个人杀人被抓时，当地还有不少人不理解。

在乡下，吃鸡蛋的时候不多，除了过生日，坐月子，或是有客人来时才吃鸡蛋，平时基本上舍不得吃鸡蛋。高源清楚地记得，老家有一个风俗，即使家里再穷，孩子生日这天，一个鸡蛋是必不可少的。生日时，大人煮好鸡蛋悄悄叫来小寿星，把鸡蛋带到竹林里去吃，一是避开兄弟姊妹，以免惹得他们喉咙里爬出馋虫来；二是剥开蛋壳，寓意剥去旧历，迎来新的日子；三是在竹林中，寓意像竹笋剥壳一样，节节高。

高源对繁卫东母亲的境遇十分同情，力所能及地表达了一下自己的心意。

星期天晚上，贾成功提了两盒天麻和一袋烟熏的竹鸡敲开了王德立的门。

"小贾，快请坐！杜老师，贾主任来了，快泡茶！"王德立见贾成功来到，满脸堆笑，并朝里屋喊道。"杜老师"即是王德立的妻子杜红娟，在区政府广播站上班。

"王校长，这是我爸回老家带来的一点土特产，请收下！"贾成功将礼物递给王德立。

"哎呀，小贾，我们天天见面，何必这么客气嘛！"王德立边

说边接过贾成功手中的东西放在电视柜旁边。

"王校长，在我们芦溪中学里，您是最辛苦的人，也是学校里德高望重的人。您年富力强，课上得精彩，字写得漂亮，球打得好，风琴也弹得出色！很多方面都值得我们年轻人学习，特别是很值得我学习的！"贾成功一口气把事先为这位年届四十一岁的校长定制的表扬稿，流畅地背了出来。

王德立听后，心里觉得很舒坦，正要答话，杜红娟一手提着保温瓶，一手端杯茶，从里间出来了："贾主任，请喝茶！"

"谢谢杜娘！您叫我'小贾'好了。"贾成功急忙站了起来，双手接过杜红娟的茶杯放在茶几上。

"你们慢慢聊。"杜红娟面带微笑，她给丈夫的杯子续上水，便掩门进里屋去了。

"小贾，这段时间你也很辛苦啊！又要忙教学又要忙自考，你虽然年轻，但也要注意身体，不要太拼命了。"王德立知道贾成功这段时间为了赶完化学课，晚自习都在上新课，有时把星期天都用上了。贾成功不吸烟，王德立打开一包阿诗玛香烟，独自点上。

"谢谢王校长关心！我还吃得消。"贾成功呷了一口茶，就把话题转移到正题上，并且脸上露出遗憾的神色，"王校长，您是知道的，在您手下工作我是很愉快很充实的。我也舍不得离开这所学校啊，只可惜您也要走了。"

"小贾啊，我从学校毕业分配到这里，已坚守二十年了。你杜娘又住在区政府那边，差不多一个星期才见上一面。本想搬过来住，这边生活又极不方便。有时，我在想，我在学校的身份是校长，可在家里，我又是什么呢？丈夫不像丈夫，父亲不像父亲。在工作上，我是自我感觉良好的，但在生活上，总有点失衡，当老婆和儿子需要爱的时候，我们却把时间给予了距离制造出来的虚无。今年，有个专家建议我把儿子带在身边，说是男孩

154

跟父亲待在一起才有利于他的成长，说穿了，这也是对我含蓄的批评啊！所以，我才把儿子转学到这里。恰好明年区文教组主任要退休了，领导考虑到我的实际困难，便有这个初步的设想。这件事，你怎么也知道了？"王德立对贾成功晓得自己想调走的信息并不奇怪，只是觉得这件事黄瓜才起蒂蒂，是不是传得也太快了！

"我也是听人家说的。"贾成功笑了笑，秘而不宣。

"既然是一家人，小贾，我就不瞒你了。我原本看你大有前途，本想让你接我的班，再在这儿锻炼一年半载的，以后可以直接到文教局工作。只是你现在另有高枝，那我就更不能留你了。在这儿，我事先预祝你一切顺利啊！"考虑到贾成功的背景，王德立现在对贾成功说这些话，再套套近乎还是很有必要的。

"谢谢王校长！"贾成功呷口茶后，直接进入今天谈话的真正主题，"前天，我收到父亲的信，他说他到吴叔叔那里去，吴叔叔还打听了我入党的事。"

推开窗户说亮话，王德立对贾成功提到吴副县长的事，心知肚明。他把烟在缸里熄了，也不含糊地表明了自己的态度："你等一下就打电话告诉你爸，说我们支部下周星期天就要召开支部大会。今年乡上有一个入党名额分配到学校，作为你的入党介绍人，我还是要郑重发表我个人意见的。"

贾成功见谈话已达到目的，就起身告辞。王德立起身送到门口，还是对眼前这个年轻人叮嘱道："小贾，今天我们的谈话就不要对外人提起。"

"这个，我懂。"贾成功虽然涉世不深，但也知道一些这个圈子里的游戏规则。有的决定，在没正式宣布前，闹得满城风雨，看似铁板钉钉的事，说不定陡然间就发生逆转了，所以，保密工作尤其重要。

　　星期天上午，学校党支部在芦溪中学大办公室召开支部大会，加上民中党员，共七个人参加。学校党支部书记王德立主持会议，他说，今天会议的议题有两个：一是学习县文化教育局党组有关教育改革的文件，二是讨论贾成功和高源两位同志转为预备党员的事宜。

　　支部宣传委员先组织大家学习县上的有关教育改革的文件。

　　等大家学习完后，王德立谈自己的认识："同志们，《中共中央关于教育体制改革的决定》是适应我国经济体制改革的指导教育改革的纲领文件，它明确地提出：体制改革的根本目的是提高民族素质，多出人才、出好人才。县文教局对全县教育在新时期的发展也提出了更高的要求。我们要适应新的形势，在教育教学改革上下功夫，为社会主义现代化建设培养'四有'人才，变讲堂为学堂，变以教师是中心为以学生是主体，充分发挥学生的能动性，变人生一段时期受教育的观念为终身受教育的观念，为学生一生成长服好务。具体的内容，在下周，我们将在全体教师会上进行传达。"

　　第二个议程开始时，组织委员宣布道："按照乡党委的要求，今年分给我们学校支部发展新党员的名额只有一个，但我们去年收到了两份入党申请书。现在，请两位申请人宣读自己的入党申请书，宣读完后离场回避，介绍人下来再和申请人交换意见。"

　　贾成功和高源分别宣读申请书后离开。

　　三位介绍人分别就两位申请人的情况做了说明，当贾成功的另一个介绍人组织委员说完后，王德立说道："下面，请各位同志分别就这两位同志的认识和表现发表各自的意见。"

　　支部书记宣布后，众人觉得有些为难，没有人先表态。这两个人在学校里的工作业绩难分伯仲，可惜的是只有一个名额。按行政职务说，贾成功占优势；从知识分子的心理情感上讲，他们不喜欢贾成功的油滑做作，高源占优势。

过了片刻，王德立环视了在座的人，想先定个基调，于是发言道："同志们，作为他们二人的介绍人，我再说几句。从全局上来讲，我这次赞成贾主任，啊，不，是贾成功同志成为中共预备党员。其理由：贾成功同志除了对党的认识较深刻，他所负责的教学工作成效明显，他的大公无私的精神和对业务精益求精的精神就很符合一个共产党员的标准。至于，高源同志嘛，也很优秀，由于名额限制，我想他肯定会想得通的，也是能经得起党组织考验的。况且，以后有的是机会。今天是党内开会，请同志们不要有什么顾虑。相信每一个人都会严守党的秘密，大家就畅所欲言吧！"

这时，一位在民中担任教导主任的党员陈先刚发言了："我不完全赞成王书记的意见。贾成功同志的业务水平高，但是对工作仍然有些私心，存在小团体意识，全局意识有待提高。我们同属一个乡，在教学上，他却有公办、民办之分，对民中教育不热心不支持。"

"我同意贾成功同志入党，但更同意高源同志入党。高源同志积极向上，热爱学习，不断进修，并在教学和自修上都取得了优秀的成绩，他用他的言行给大家，也给学生做出了表率。要说对教育对集体的贡献，我个人觉得，高源同志要比贾成功同志大一点。高源同志积极投身教育教学改革，成效大家有目共睹，是十分显著的。他在市级教育专业报刊上发表了几篇论文，他探索的新教学法轰动全县，填补了全县在教改方面的一些空白。县上曾拨专款三百元在我校搞教改实验现场展示会。为此，他还得到过县委县政府的记功奖励。他为提高学校的知名度也做了不少的努力，连周边学校都有学生自愿转到我校就读。另外，他关心学生成才，多方面为学生提供锻炼机会，组织学生搞勤工俭学，创办芦溪文学社，开展第二课堂，团队活动有声有色，增加了学生的活力，让不少学生以集体为荣，以读书为荣。并且，他还牺牲

乡村班主任

个人大量的休息时间为学生编印学习资料，和其他老师一样，为学生补课从未收过一分钱。"高源的入党介绍人付正平发言道。

赵琼副校长说："就两位入党申请人对学校的贡献而言，我认为高源老师应列为第一发展对象。他不但有上述入党介绍人说的优点，他还有一种高尚的品质。他将鼓舞学生斗志的工作，做到了学生家长身上。这是我从特殊的渠道了解到的真实事情。他先后几次，买鸡蛋去看望生病的学生家长，有时自己的钱不够，还向其他老师借鸡蛋凑够数。从心里讲，我都做不到这一点，不是做不到，我根本就没有想到做好学生的鼓励工作，可以延伸到激发学生的孝心层面，可以延伸到学生的报恩心理层面，可以延伸到学生内心生发正能量层面。我认为，高源老师的这种优良品质如果能成为一种普世价值观，那么，世道人心，美好社会的风气，就会形成。"

眼看形势对贾成功有点不利，硬压是不行的，绝不能违背党内民主。为了能扭转局势，王德立向袁华使眼色。

袁华立即起身发言说："作为党员，我要发表个人的意见。高源同志的确很不错，但我在这里要给他提几条意见，希望他改正，并不断进步。"袁华的发言引人注目，不少人都看着他滔滔不绝地说下去，"一是他个人的党性原则还不强，有时有点任性，公私不分。就说前不久吧，我们几个小伙子打平伙，在家长屋里煮豆花，准备点豆浆时，发现没石膏。贾成功同志说赶快到街上去买点回来，高源却说来不及了，就私自去把公家的粉笔拿了几支来用。二是他有点好个人表现，比如他发表了文章，却用稿费请大家吃饭。三是善于拉拢人，今年国庆节学校调整寝室，本来他可以搬到好一点的寝室去住，却让给了我，说是我要女朋友需要，他不也在谈恋爱吗……"

会场上突然响起"啪"的一声拍桌声，打断了袁华的发言，也牵动了在场人的神经。付正平听到袁华越说越不靠谱，忍无可

158

忍，拍案而起："你娃娃啥时候学会了缺德？你才入党几年？真是给党组织抹黑！你简直是一个小题大做、上纲上线、胡说八道、忘恩负义的小人！"

袁华的脸唰地一下红到耳根，低下了头。

"大家请冷静！今天是党内开会，自由发表不同的意见是每个党员的权利。不要闹个人情绪，搞人身攻击。"王德立站起来，伸出双臂，做了个下压的手势。

"难道他不是在搞人身攻击吗？"付正平仍然愤愤不平地指着袁华说道。

王德立心里对袁华今天的表现既感激又埋怨，这个人的胆子真大，也算把天平的砝码往我这边增添了；只是他的政策水平实在是太低了，为了救场还差点砸场。要稳住阵脚，他该做决断了！

王德立显得很诚恳地说道："我最后来说两句。贾成功和高源两位同志都很优秀，有时真的难分高下。作为贾成功和高源两位同志的入党介绍人，我真心希望这两位年轻人能同时入党，为党组织多输送新鲜血液。但是，这只是我个人的意见；个人意见我们只能保留，要坚决服从上级的决定，况且革命也不分先后嘛！下面，为尊重各位党员同志的意见，我们举手表决。"

结果，贾成功和高源得票数为四比三。

看到这个结果，王德立心中暗自庆幸：要不是会前做些准备工作，今天有可能砸锅，完不成"任务"！

下午，开始飘雨。晚上，刮起了风，雨也大了。

付正平一手撑伞，一手提着两瓶酒到了高源的寝室。门没关，他放下伞，推开门一看，咦，没人？"高老兄，去了哪里呢？"付正平自言自语道。

"啊，付老兄来了，快请坐！"一个声音从靠着门窗的那堵墙

上方传来。

付正平抬头一看，写字台上安放了一把椅子，高源正站在椅子上，往墙砖缝里塞报纸。

付正平赶紧放下酒瓶，走过去帮高源扶住椅子："小心点儿！你在干啥子哟？"

"没事，这堵北面墙的砖缝，有几处泥沙落光了，风灌进来，夜里冷得有些受不了。我把这两处宽缝塞一下。"

忽然，付正平听到背后有"滴答"声，侧头一看，靠床边的地上放了一个瓷盆，雨水正从房顶往下滴。

"听说乡政府要统一在小学那边修几间房了，到时候早点把这间古董房子贡献出来。"

"我还没有在这里修炼够哩！"高源笑了笑，慢慢移动脚步，下了椅子。

"你也别太贪心了，还是让其他人也来沾沾'佛祖的灵气'吧！"付正平笑着把椅子搬了下来，"快，准备喝酒！"

"如果小学那边果真修了新房，你算算，要在学校里住的人都可以解决，可能这间屋也该退休了。"高源拍拍手，抖抖衣服，去洗脸架洗了手。

"那是自然。还请'佛祖'理解！"付正平双手合十道。

高源蹲下去，把煤油炉子从床底下拉了出来："还有几个泡鸡蛋，可能有盐味了。屋里还有点老家带来的花生。"

"可以了，下酒菜够了。高老兄，今天，我们一人一瓶。"

"有什么事可值得这么庆贺的？"高源觉得付正平心里肯定有事。

"唉，别说了！今天我郁闷惨了，袁华那个家伙太不踩沟了！"付正平很气愤地说道。高源没插话，等他说下去。"高老兄，你平时待他不薄，可他竟然在你入党的事上奏你一本，真是有点儿迷瞪瞪的！说什么上次我们几个人一起煮豆花，点豆浆时你用了几支粉笔，揩了公家的油。当时他也在场，为什么那时他不劝阻，又不去买石膏，现在关键时刻拿出这个完全可以忽略的比芝麻还小的事来说事？难道你高源是那种贪图蝇头小利的人吗？你为公家办事却让自己破费的事还少吗？就说上次你进城到新华书店为学校买美术教材和为学生买美术字练习材料，不是车旅费也没有报销吗？单是那笔钱就可以买十几盒粉笔了！还有……"付正平差点想说出袁华对高源提的另两条"意见"，但想到要保守党的秘密，并且还怕刺伤了高源的自尊心，就马上打住了。很快改口说道："还有，我就是看不惯他那种拍马屁的德行，不外乎贾成功的官比你大点儿嘛！"

"算了，就不扯那么远了。人各有志，袁华也不是那种人，可能另有隐情。贾主任要发展，入党对他来说更有利。共产党员能做到的，我也可以做到。王校长和你作为我的介绍人，我真诚地感谢你们对我的帮助。你们不是教育我说，要经受得起组织的考验吗？思想上和行动上入党比形式上入党更重要嘛！况且，以后有的是机会，组织的大门也不会单单对我高源一个人关闭嘛。"高源对自己入党一事早就抱着"一颗红心两种准备"的态度，所以对结果丝毫也不感到突然，只是觉得袁华的言行有点儿反常，他在心里叹息，哪个人在前进的路上不遭遇小人啊！

"我还是要保留自己的意见，有些想不通。"付正平看到高源的豁达，内心稍感宽慰，但仍有点儿愤愤不平。

"这件事就算过去了，过去了的事就不再提。付老兄，今天我们两人还是各喝半瓶足够，明天还要上课，我的课还没备完。待会儿，你也该早点儿回去，免得嫂子担心。"看着付正平这种状态，高源觉得一瓶酒下肚定会让他"现场直播"，于是找了个理由。

"凭你我两个的量，这两瓶'Cheers'是轻而易举的事。"付正平还想坚持。

"今天就听我的吧，付老兄，来日方长。"高源再次劝说。他觉得这件事还不值得用酒来发泄。

"好好好，来日方长！"付正平终于同意。

于是，两人用生花生和咸蛋下酒，边喝边聊了一些有关当前播放的武功片的一些情节。过了一阵，一瓶酒干了。付正平有些微醉，还想喝。高源把另一瓶酒收捡起来："改天改天。"边说边把他推搡出门。

外面的风雨已停歇。

高源想把付正平送到家，付正平不要他送。高源把伞递给他，看着他走几步后，也很平稳，就把心放下了。高源看着渐行渐远的付正平，一股热流涌上来，感叹道，此人不为利来，只为兄弟情谊，是我人生的福报，如果今生能帮到他，定当竭尽全力。

高源把碗筷捡来放到铝锅里，三下五除二收拾停当，一看时间：十点。他把台灯拧亮，把屋里的吊灯关了。

他坐在椅子上，闭目养了一下神。不知不觉想起付正平之前讲的话来，想到袁华的所作所为，脑中闪现出"人心险恶""趋炎附势"两个词来，但转念一想，其中或许有别的原因。突然，他觉得自己的脑袋发烫，口干舌燥。他起身倒了一杯水，凉了一会儿就一口喝了。环视房间上下，他突然想到"一间屋子有多少个角"这个问题，默算一下，至少在十六个以上。

他看到写字台上的玻板下面有一张照片：那是去年春游，带学生去乐山旅游时，他和林婧在峨眉山的一张合影。他外穿一件学校教师文理科篮球队比赛时学校发的蓝色运动服，里面穿的是林婧给他织的膨体纱线衣，林婧内穿一件紫红色毛衣，外面披了件银灰色风衣。二人满面春风，并肩相依。背景是峨眉山前山广场。高源每天都不知要看这张照片多少遍，每次看着，都会有一股甜蜜的暖流在心底快速涌起……

他在这间屋子里待了四年，这间屋子已成了他无话不谈的朋友！他回想走过的每一个日子，在这屋里待的每一个时辰，情绪有些激动起来。他要和这间小屋说说心里话，他赶紧从林婧送给自己的笔筒里取出笔来，快速在一张白纸上写着：

我和小屋

我住在小屋里
小屋住在一首诗里
——题记

回首往事
苦难常常孕育
人生的另一片景致
一片不敢奢望的景致

我愿将记忆留给
包容我一切的小屋
见证我一切的小屋
小屋啊，我的另一层皮肤
有你的呵护，我
再不惧那风风雨雨

三月扬花的小屋
为我烂漫为我养育惊喜
七月溅雨的小屋
为我洗涤尘埃，也为我
葱郁地生长提供滋润
冬月穿风的小屋

虽也寒冷，却也飘雪
让整个天空开满纯洁的本色

当我的小屋在梦中
发育成一棵树
我希望它是一棵苹果树
虽然没有艳丽的花
却能结出沉甸甸的果实
结出整个秋天
人们热切的盼望

我和小屋和她
是一个整体，许多时候
我们都住在同一个梦里
夜，是我们轻柔的皮肤
那灿烂的黎明
和累累的果实
就是我们的梦境

7.

爱心切切

　　赵琼的心情一连三天都在下雨。她恨王德立校长竟然可以把党票用来做人情，从严格意义来讲，王校长是严重地破坏党的纪律。问题在于，王校长又没有留下任何违反组织原则的把柄。真是太气人了。唉，许多人的命运，就在一个小小的团体里被定格了。高源如此优秀，我这个副校长却帮不了他。从今天起，我对利益团体生不生长良心，要进行深入的思考。

　　星期一，阳光又恢复了体力，依旧灿烂着。中午，高源在寝室休息了一会儿，便到教室去看看。教室里有三十多个人在看书，做作业。大多数的人在看化学，背方程，记实验。

　　"你们怎么不到外面去走一走？"高源走到教室中间，关切地问大家。

　　"我们几个已经到操场走了几圈。"江玉春看着老师来了，站起来，指着胡云秋、谢红茬、鲁媛媛等几个人说道。

　　"我和张笑天、漆连仁他们打了半个小时的篮球回来了。"何明遐也向班主任汇报道。

　　"活动一下好，给大脑增加点氧气，才更有学习效率。"高源赞许道。

"活动久了，受不了！"漆连仁冷不丁冒了一句。

"怎么回事？"高源有些不解。

"太阳太温暖，冻疤儿要造反！"漆连仁高高地举起双手，像伸展运动的姿势。大家听他说出的话像押韵的顺口溜，加上他的滑稽模样，都笑了起来。

高源明白漆连仁说的"冻疤儿"是这里的方言，意思是"冻疮"。其实，"冻疤儿"这个方言还是很生动的，是对冻疮溃烂后形成的暗红色疤痕的形象描述。冻疮主要发生在秋冬季节，一般长在手指、脚趾、脚跟、耳朵、面部等部位。冻疮随着体温的上升，就会产生瘙痒或烧灼感，让人痛苦不堪。漆连仁他们去打篮球，在太阳下运动，体温上升后，冻疮自然就"造反"了，肯定相当难受！

高源为漆连仁的幽默和乐观感到满意，但他笑不出来。他已经注意到漆连仁伸直的双手上，冻疮已红肿发亮，他深知这可恶的冻疮给人带来的苦楚。

冰冻环境的北方，空气干燥，屋内有供暖设施，外冷内热，生冻疮的人要少些。然而，冬天的南方，环境寒冷、潮湿，屋子内外一样冷，容易生冻疮。特别在广大农村地区，由于经济落后，物质不丰富，不少学生衣着单薄，没有耳套，甚至连一双手套都没有，保暖条件差，就更容易长冻疮了。

高源以前从小学到高中年年都长冻疮，深受其苦。他深知如果冻疮在初发期，没有得到及时的根治或控制，那么，任其发展下去，就可能溃烂。除了疼痛，还会散发出难闻的腐臭气味，让人难堪，给患者的学习、生活诸多方面造成不便，甚至有的痊愈后，留下疤痕，或皮肤变成暗褐色，致使皮肤"毁容"。

分配到芦溪中学后，高源发现这里学生长冻疮的较多，看着让人揪心。他一直琢磨着怎么才能治好冻疮，以减少学生的痛苦。

高源连续在自己身上做实验。等自己长冻疮后，先用以前老辈人用过的土办法来试：用煮萝卜缨的热水烫，或是点燃辣椒秆熏。可这些办法只能缓解病情，且用起来极不方便。

前年，他跟在部队工作的兄长谈起这件事，他听从建议用十滴水涂抹在冻疮患处进行治疗，但时间长并伴有股药味，效果还是不好。

去年，请教林婧的父母，在医院买冻疮药膏来治疗。软膏的确可以消炎止痒，但见效慢，还油腻腻的，有时弄得衣服到处都是膏药，他仍然觉得不理想。

有的癌症人类都能攻克，难道还不能征服冻疮这个小小的疾病了吗？高源想到这里，心里笑了。上周，他故意不穿袜子，脚出汗后也没换鞋子。几天后的一个晚上，当他感到脚丫冷得痛时，便发现冻疮长成了！兴奋之余，他再一次拿起了十滴水，突然，他眼前一亮：说明书介绍药的配方里有一种成分——辣椒！这和老一辈人推荐的辣椒秆有异曲同工之妙！"何不直接用辣椒来治冻疮呢？"一个念头在他脑中闪现出来。

"太好了！"高源激动得欢呼起来。马上行动，行动才能换来成功。

上前天，他思索了一下，就直接将几个辣椒切成几截，再加点生姜片、食盐、白酒，用开水泡一阵，就用辣椒姜片在患处涂抹按摩，中午和晚上睡觉前治两次，效果很明显。这样，改善血液循环，保证血液畅通后，僵硬的丘疹渐渐变软变小。

前天，高源嫌配料稍有些复杂，还得精简。于是，又对那个配方尝试进行改进，前后治了三天，冻疮就消失了。

治疗方法变得简单实用，且成本低，周期短。今天，正好将这个偏方交给学生们。"同学们，我马上将治疗冻疮偏方写在黑板上，请大家抄一下！我发现你们手上的冻疮还不严重，趁现在还没有长疱没有破皮，赶紧试用，没有患冻疮的可以抄来告诉你周围生了冻疮的人。这个偏方是我多年总结而成的，绝对有效，请放心试用。住校的同学，今天下了晚自习后，我就给大家准备一下治冻疮的东西。最后，祝大家身体健康！学习愉快！""谢谢！""谢谢高老师！"

高源立即在黑板上书写起来：

治疗冻疮偏方

一、操作程序：1. 材料准备：6个（可适当增加）辣椒、1个装满开水的保温瓶、1个水盆、1张干毛巾；2. 先将辣椒切成几截，放入锅中，倒进一碗冷水，盖上锅盖，煮开几分钟；3. 将辣椒和水一起舀到盆里，等水温适宜时，将长有冻疮的手脚放进盆里，用辣椒在患处涂抹按摩；4. 觉得水凉时，又将保温瓶的开水倾倒一部分进去，继续涂抹按摩，直到一瓶水用完为止；5. 用毛巾擦干患处，并清洗双手。

二、注意事项：1. 一天两次，中午和晚上休息前各一次，不间断连续三天就基本痊愈。2. 用辣椒在患处涂抹按摩后，有火辣辣、微疼、血液在血管里剧烈跳动之感，手脚出汗，均属正常反应。3. 涂抹结束后，不要去擦汗或揉眼，应及时清洗双手。4. 病愈后，注意保暖，适当增加衣着如帽子、围巾、耳套、手套等，勤换袜子，保持脚部干燥。5. 冻疮已长水疱或溃烂者忌用。

不少学生都在认真地抄写。高源刚写完回头一看，化学科代表贾先和写了密密的一大篇！他觉得有点儿纳闷，没有那么多内容啊？他来到贾先和桌边，发现他没有抄偏方。一双长有几处冻疮的手正在做化学作业。

"你怎么没抄？"高源关切地问道。

"唉，班妈妈，您不晓得，我那个老汉儿最近新课上得快，作业也多。我得赶紧做，要是做不完，老汉儿说是要对我动用家法！您那个妙方只有等放学时，我在同学那儿借来抄一下了。"贾先和苦笑道。

高源知道他说的"老汉儿"就是指贾成功。在贾氏一族，按辈分排行规定："成"字辈比"先"字辈高出一辈分，所以，贾成功便与贾先和理起了家门儿关系，经常对贾先和开玩笑说："我们是两爷子，你娃娃要给老汉儿争气哈！否则，家法伺候！"贾先和是复读生，他上届化学考得不好，但数学好。贾成功认为数学是理科之母，他对这个侄儿充满了信心，就主动提出让他当科代表，给点儿压力，更好鞭策其学习。

"行，听你老汉儿的没错。"高源笑了笑，慢慢走出了教室。

冬至这天，高源收到省上《中学生读写》编辑部陶硕老师的一封信。陶硕老师曾是邓祥明老师的同学，他也很关心高源的进步。他说高源投的《如何写好"自己不熟悉的事物"》一稿，有见地，要适当修改一下准备刊用。顺便，陶老师向他打听一个人：元旦即将来临，每遇佳节思亲友啊！当年他父亲有一个叫崔小平的同学，在大学读书时美术天赋极高。一次他画了一张小鸡嬉戏图，因为这幅图的背景是学校食堂，就被打成了右派。不等他毕业就把他下放到高源现在所在的广都县一个较偏僻的公社劳动改造，具体到哪一个公社却不知道。陶老师的父亲现在还保留着他当年赠的一幅画。得知不少右派也落实了政策，老人家很想了解一下崔同学现在的境遇……

读罢编辑老师的信，再一次激起高源对那个年代的感慨。关于信中提到的那个"崔小平"，现在学校里没此人。学校有一个姓"崔"的炊事员，但他仅有小学学历，且年龄和名字也不相符。

午饭后，高源来到刘宗祥老师家。刘宗祥有五十多岁，是学校的工会主席，在芦溪中学里，他的教龄最长，找他就可能会打听到一些有价值的信息。

刘宗祥慈眉善目，一见高源来到，他急忙端椅泡茶。听说来由后，他沉默了一会儿，指着他写字台上的一幅素描图说："小高，这就是前几年崔老师给我画的。"高源下意识地看了他一眼，又仔细端详着图中的刘宗祥老师，真是画得惟妙惟肖，可见作画人的艺术造诣深厚！

接着，刘宗祥老师谈了自己的看法："你说的那个'崔小平'，可以肯定地说就是给我画过像的'崔永忠'老师。因为'崔永忠'老师原来就叫'崔小平'。而恰巧的是，崔老师又是崔兴良的父亲。"

天底下竟有这样巧遇而幸运的事！茫茫人海，二十多年的光阴虽然逝去，可是，当寻找你想要找的人时，一找就找到了！刘宗祥简单地介绍了有关崔永忠的一些经历：

当年，崔永忠被遣送到广都县，县政府又把他派到偏远的芦溪公社劳动改造。最后，公社书记又把他安排到反修大队干农活。几个月下来，开荒种地，手上的血泡磨成了老茧。崔永忠和当地人处得来，朴实的农民便时不时地在生产队长面前给他说好话。生产队长看他态度老实，觉得他不是干农活的料。因为他有文化，就把他定为计分员，专门计工分。一年后，队长家的姑娘看上了他。因受不了独生子突蒙奇冤的打击，十几年前，崔永忠的父母早已含恨离开人世；老家只有一个叔叔，也难有音信。孤寂落寞且对生活有些绝望的他，凑合着与队长的女儿结了婚，算是入赘。婚后一年，家里没有添个一男半女。一检查，发现女方不育。倒是崔永忠大度，反过来安慰妻子。崔妻打算将自己表姐家满六岁的小儿子过继给崔家。开始，崔永忠不同意，在妻子的反复劝说下才点了头，按崔氏排行给儿子取名为"崔兴良"。偏偏这个崔兴良不好读书，又在姥爷一家的宠爱中长大，更是有些不服父亲管教。自小，父子间就常常发生矛盾。后来，崔兴良念完小学就弃学在家，游荡了几年。正值"文化大革命"期间，他喜欢凑热闹，竟也学着造起反来，当了民兵。后来，崔兴良为了当上大队民兵连长，竟然检举父亲革命不积极。这样，崔兴良就带着民兵把崔永忠押到公社批斗；然后，又押回村上批斗；晚上回家时，崔兴良又在家里把崔永忠批斗一场。姥爷劝说他也不听了，他反说若不与崔永忠划清界限，连姥爷也一块儿收拾！这样，家里的人都奈何不了他。这种形式的批斗持续了一段时间，崔兴良终于当上了民兵连长。所以，后来崔永忠在平反后痛心疾首地说过：我不仅受到"四人帮"的迫害，而且还受到儿子的迫害。

讲到这里时，刘宗祥老师不停地唏嘘。

"后来又怎么样了？"落实政策后，乡里学校缺乏师资，根据崔永忠的特长，就安排他到学校教英语和美术两门学科。崔老师工作悉心严谨，深得学生的喜爱。工作之余，崔老师却无法排解心中长期郁结的满腹委屈，不与儿子见面，基本断绝了与家人的来往，每天喝闷酒，饮食无规律。几年下来，他患了严重的胃病，一检查已到胃癌晚期。临死前，组织按政策照顾他的家庭，给他一个顶班就业的名额，以工人的身份解决一个子女到学校工作。崔永忠只有这么一个儿子，他却死活不肯答应儿子来顶班。后来，老伴和儿子跪在他病床前不停地哭诉，忏悔，他才最终点了头……

"谢谢您！"高源与刘老师道别，步履沉重地回到寝室，提笔给陶老师汇报了他找崔小平的情况。感谢他对自己的指点，有机会定到杂志社去拜访，并请陶老师方便时莅临芦溪中学指导工作。

星期一中午，高源不到十二点就去伙食团，想顺便把陶老师父亲寻找崔老师的事告诉崔兴良。可刚走到厨房门口，就听见崔兴良对方会计吼道："原来，老师和学生才十几个，现在天天都在增加，都增加到二十多个了！另外，还要蒸通校学生带来的饭。要做饭，又要卖饭，又要洗菜，又要切菜，又要炒菜，又要卖菜，还要烧开水，还要洗锅，搬煤，累死老子了！老子不干了！"说着说着，崔兴良还把火钳扔到地上，把瓜瓢也撂在方会计面前。方会计又气又急，跑去找王校长。一看这情形，高源欲言又止，觉得似乎没有必要提及那件事了。

"崔兴良，你撒什么野？你给我老实点！"从办公室赶来的王德立对崔兴良毫不客气，劈头盖脸就是一顿训斥，"你是不是屡教不改？你只晓得干轻松的活，稍微多几个人你就不得了了，是不是？要晓得，做饭就是你的工作。"王德立又回头看看方会计，"做不好，就扣他的工资！"

崔兴良自知理亏，耷拉着脑袋不吭气。

"这个月已经扣过他两次了，一共扣了十元钱。"方会计汇报道。

"再这样，加倍。赶紧准备午饭！"王德立说完朝高源点点头，转身走了。

听到王校长这样讲后，崔兴良嗳嗳嚅嚅自言自语地说道："我……我……我……这么笨，看嘛，就是有这么多事嘛，怎么办嘛！"他自己给自己找台阶下，又对方会计说："算了，我不发脾气了，就不要再扣我的工资了，本来我的工资又没你们高嘛！"

"少跟我说这些，当初你就只知道造反，哪个叫你不多读点儿书呢！"方会计对崔兴良毫不客气。

方会计的话戳到了崔兴良的痛处，崔兴良不再开腔，忙着去炒菜了。

看到崔兴良这副模样，想起他曾经对其父的所作所为，高源突然感到他很可怜。

下午放学时，江玉春、何明遐、漆连仁和谢红荭来到伙食团。

"你们这么早跑来干啥子？米还没下锅呢。"崔兴良对几个学生大声吼道。

"吼啥子吼，崔师傅，我们是来帮您忙的。"何明遐笑道。

"啥子嘛，你们来给我帮忙？"崔兴良怀疑自己的耳朵听错了。

"是哩，崔师傅，听说您忙不过来，高老师叫我们来帮厨。"江玉春补充道。

原来，午饭后，高源又到王校长那儿去了解了伙食团和崔兴良的情况。王德立说，由于初三住校生增加后，伙食团开饭的时间都保证不了。这个崔兴良来顶班，全是看在去世的崔老师面上。而崔兴良以前在乡下野惯了，又没有经过厨艺培训，开始到校时，纯粹是个"双差工"——手艺差，脾气差，好在经过后勤老师的帮助和教育后也进步了一些。但还是个核桃性，得捶倒来。高源听后，把心中的想法说了出来："王校长，我想让我班上的学生轮流在这个月下午放学时去帮帮厨，间隔一天去一次，每周去三次。一是看能不能提高一下办伙食的速度质量，争取能保证师生们按时就餐；二是让学生去体验一下，培养一下劳动习惯和生活能力。"

王德立听后，对高源的想法表示赞赏。高源同班委商量后，大家都很乐意。高源对学生提出要求：一是每次去的人不超过四个，二是帮忙不添乱，三是听从崔师傅的安排。

听清楚学生是来帮他做饭时，崔兴良满脸堆笑："你们高老师太巴适了！"于是，他兴致勃勃地安排江玉春和谢红荭择菜，何明遐和漆连仁带着箩筐去一间堆放杂物的保管室把煤炭抬来。何明遐知道他与漆连仁高矮不搭配，就叫漆连仁洗菜，自己一个人去担煤。

看着崔兴良翘着二郎腿在那儿悠闲地看着她们弄菜，等着锅里的水开，江玉春笑了："崔师傅，您知不知道'统筹方法'？"

"啥子'桶臭方法'？我没听说过。千万别乱说我懒哈，我天天都要洗几遍桶，伙食团的桶不臭，不信你们闻闻！"崔兴良听了江玉春的话后拉下脸来。

漆连仁听到崔兴良的话，哈哈大笑起来："'统筹方法'不是指桶臭了的方法！"

"统筹方法是数学家华罗庚提出来的一种提高办事效率的方法。要做一件事，就要先总体考虑一下，该先做什么，该后做什么，怎样做才省事。就比方说你洗锅、煮饭、炒菜这件事吧……"谢红荭简单地给崔兴良讲了统筹方法在做饭这项工作中的运用。

崔兴良听了似懂非懂地点着头，感慨地说："原来煮饭还有这些窍门儿啊！"

"统筹方法有个好处就是节省了我们做事的时间。"江玉春补充道。

"晓得了，我以后硬是要注意到了。"崔兴良心里觉得这些学生娃娃说得有道理。

不一会儿，何明遐挑了可供几天做饭用的煤。江玉春她们把第二天要用的菜也择洗干净了。

"麻烦你们了！给你们添麻烦了！"崔兴良说着客气的话，跨进寝室，拉开抽屉，捧出一大把花生来坚持要让学生们吃。

"谢谢！""谢谢！"学生们各自抓了几个，说着笑着离开了。

十二月底，王德立在教职工会上宣布一项任命：袁华任学校教导处副主任，协助贾成功工作。会后，袁华立即骑车到星光厂将这一喜讯告诉女友。

元旦节，高源到县城参加一个婚礼。宴席上，碰到一个正在县建设局工作的高中同学，同学向他提及一件事：贾成功在春节后，就要调到县建设局当办公室主任。

如果说贾成功要调动，高源对此绝不诧异。只是在初三学生即将面临毕业会考的关键时期，听到这个消息时，感到太突然了！如果他一调走，化学这一科势必只能去请代课老师，学生的适应期与师生间的磨合期有多长？代课老师的教学能力如何？这对中考，对学生的前途都是有不良影响的！

高源心不在焉地吃完饭，直接回到学校。

躺在床上，高源忧心忡忡，一片茫然。他想到了繁卫东与贾先和说过化学作业多的事，有几个科任老师也反映，太多的化学作业抢占了学生做他们学科作业的时间。贾成功常常还挤占星期天的时间来补半天课，这一切说明可能与他调动工作有关！要不是这次去赴宴，他还会继续被蒙在鼓里。那次他在王乡长和校长面前表过态，要争取明年多考几个，学生考试成功依赖于学科集体联合作战，个人英雄主义或偏重任何一科都会招致失利的！临阵换将，本身就潜伏着很大的危机。

怎么办？怎么办？怎么办？高源这一晚没有心思看书、备课、改作业了，他好像遭遇到从教以来最大的困惑了。他辗转反侧，难以入眠。他的脑子里晃动着蒋莲梅、李喜弟的身影，晃动着繁卫东、江玉春、何明遐、鲁媛媛、漆连仁一串人的身影，失去的无法弥补，现在的应倍加爱惜。如果放弃了他们，就是对自己不负责，就是对自己当初的职业选择不负责，就问心有愧。得想出一个万全之策来！

第二天，高源若无其事地照常上班。中午，他先找到袁华。开始，袁华显得有些不自然，不知道高源要找自己说些什么。听说来由后，袁华一脸无奈，叹了口气说："我能有什么办法呢！

175

贾主任管着我，他又有靠山，就是想拦也拦不住的。"

"拦不住也要试一试。你想，如果他在寒假前调动工作了，那下学期我们两个班的化学一定会受阻没胜算，那么多学生考不好，对你我、对学生、对学校的影响都是很大的。退一步讲，如果他走了，你可以当上主任，可你还没转正，他就撂挑子了！就是你接手后，如果教学质量大滑坡，你作为教学主管负责人，也是要承担责任的。"高源想在此事上与袁华结成同盟。

"那你说该咋办？"袁华觉得高源言之有理，还设身处地为他着想了，自己却对此事感到一筹莫展。

"这件事先别惊动其他人，否则对大家都不好。王校长肯定知道此事，那这件事就先局限在我们四个人之间来处理。你先去找王校长谈谈这事，我找贾主任。有什么消息，及时告知一下。"

下午，高源没有找到贾成功，贾成功到区上去开教研会了。

袁华转告了王德立的意见：如果是上级工作需要，我们下级单位就只能服从。我们也要尽力做做他本人的工作，争取让他在学年度结束后再调动。实在不行，可以先办调动手续，中考一开始就走人。

高源听后，心里希望王德立讲的第一种情况尽量不要发生，第三种情况不现实，第二种情况还可行。便对袁华说："谢谢！就按王校长说的办吧。"

"高老兄，别客气，这也是我们两个班的事。"

芦溪乡地处偏远，文化生活单调，大家收入低，但学校这个集体充满温情。有时，吃厌了伙食团的饭菜，想改善伙食时，便有人去买了猪下水，来烧萝卜或莴笋，叫上班内或学校里的老师打平伙，基本上是轮流做东，类似国外流行的"AA"制。有时，还有人将老家的土特产带来让大家品尝。饭后，下棋，或打扑克，或打球，或看电视，或练习唱歌，这氛围是十分和谐的。

这与某些人违心讲的善于拉拢人无关。

星期五下班后，高源请贾成功到候车站点旁边的那个馆子里喝酒，贾成功一口答应。

高源点了一盆青菜白肉连锅汤，配上熟油辣椒蘸水，暖和，简单，营养。叫贾成功点个菜，贾成功点了份油酥花生米。

高源喊了两瓶沱牌酒。贾成功说："就喝一瓶吧！""反正要尽兴。""那好，先开一瓶，喝完再说。"

喝酒中，大家先聊起各自进修的情况。贾成功先说高源参加的函授形式有很多优越性，可以跟教授和学友交流，收获会更大。高源说贾成功的自学考试有优势，节约时间，获得一个大专文凭正常情况下两年就可以毕业，而函授至少得三年才行。另外，独立思考练习时候多，学的东西也扎实，还可以节约费用。

"你的建筑专业有多少科？什么时候能毕业？"

"有十多门，明年暑假可能考完。"

贾成功的文凭快到手了！高源听后，心想，难怪他会抓紧时间办调动。有了文凭，以后对提干更有利了。

"自考很辛苦，预祝你早日得解放！"

"谢谢！高老兄，你也快了。"两人碰杯，第一瓶酒的最后一两酒被他俩一饮而尽。

高源决定打开第二瓶酒，贾成功阻拦道："今天，我已经尽兴了。如果高老兄还没尽兴，那我们每人再各加二两泡酒吧！"

"行，每人来二两'蹦噔儿酒'！"

"啥子'蹦噔儿酒'哟？"贾成功也是第一次听说这种说法，便好奇地问道。高源把上次到江玉春家家访的事讲了一遍，贾成功听后点点头，笑道："有道理，有道理。"

高源把话题转移到班上的学生。他讲了对蒋莲梅辍学的遗憾，谈了对李喜弟这个读书苗子牺牲的惋惜，贾成功也有同感。

后来，高源又讲了王乡长和王校长上次给毕业班的殷切希望，讲到繁卫东的家境以及为了读书而自杀的经过，讲了江玉春的梦想，谈到何明进对兄弟何明遄的期望，提到鲁媛媛想上技校的打算，提及漆连仁想办修车铺的愿望……

说到这些，高源动情了，眼睛潮湿，喉咙哽咽，语速缓慢，语调低沉。

贾成功第一次听到他的搭档讲起这些事，心里也暗暗为这位班主任折服了。他想，学生能遇到这样的良师益友，是他们的幸运！高源老师的品质是高尚的，自己对教育的奉献精神不如他。学生们为了自己前途的所作所为，也深深震撼他的心灵。他隐隐约约地感觉到今天高源请他来喝酒一定是另有目的，但他现在还不明白究竟是所为何事。他决定主动出击，试探一下高源心里的秘密。

"高老兄，我看你今天情绪不是很高。以前，你帮我挡过酒，今天还是把你的酒倒一两给我，这次算我帮你的忙吧！"

贾成功此话一说，高源也觉得时机到了，佯装醉态说道："今天我高兴，这点儿酒不算什么，我没醉！我不要你帮我的忙，但我要你帮王乡长的忙，帮王校长的忙，帮学生的忙！我要敬你，牺牲自己的休息时间，不要报酬也要在星期天补课。我个人认为，你这样做，这样奉献，就是一个高尚的人。"高源说完，竟举杯一饮而尽。

没想到高源一口气说出这么一连串的话来，还提到了王乡长和王校长，最后还赞许了自己星期天补课的事情。贾成功自知补课是为了减轻自己心中的愧疚感，怕自己调动工作后，万一来接替自己课的老师把知识点讲不到位，到时学生在考试时就会失分。他调动工作的事虽基本敲定，但现在宣布恐怕为时过早。他还是不露声色地回敬了高源，也一口来了个杯底朝天，然后对高源说道："为学生做一些事，不是帮谁的忙，那是我分内之事，不足挂齿。"

"再来二两!"

"高老兄,我们回学校,改天再喝吧!"

"那好。既然我们是弟兄伙,现在,我就想问你一件事。"见贾成功对自己放假前要调动工作的事仍是缄口不提只字片语,于是,高源想趁着酒性就把话挑明了。

"你问吧。"贾成功已明显感到高源问的事肯定跟自己有关并且不是一般的事情。

"我想起老百姓中流传的一句俗语:'送佛送到西,帮人帮到底。'贾主任,不,我今天叫你'贾老兄',你既然已经帮了大家的忙了,怎么会半途撒手不管了呢?"

"高老兄,你只要信得过我贾成功,你有什么话,就来个月亮坝子里耍大刀——明侃(砍)!"贾成功也想探个究竟了。

"好,我就直说了,你是不是放寒假时就要调动工作?"高源直盯着贾成功问道。

"谁说的?"贾成功没有承认,也没有否认,但觉得有点不可思议:高源怎么会知道我要调动工作的事,这件事王校长肯定不会告诉他的。

"你就别问是谁说的,我还知道你准备去建设局当主任。"高源趁着酒劲全盘托出。

听到这句话,贾成功已断定不是王德立说的了,王德立也绝对不会知道得这么具体。他不知道高源有什么路数,不便贸然再搭话。

"贾老兄,说实在的,我衷心祝愿你前途无量。但目前有个具体情况,你一走,初三最后半年学生该怎么办?"

"老百姓常说,没有海椒面,照样办大宴;离了蟹将军,地球照常转。现在要调走,我也有些舍不得大家。不过,你们到县城时,我一定做东,请大家喝几杯!"

"教育规律有其特殊性,不是那些夸夸其谈的专家指手画脚、

纸上谈兵就能办得好的。临阵换将，乃兵家大忌。贾老兄，算我
求求你了，为了学生，你能推迟半年调动吗?"

"这事也不是我一个人就能决定的。"面对高源的赤诚，贾成
功不便正面回答，他的确有自己的一丝隐忧。

"贾老兄，我相信迟缓半年，最多影响你半年的发展，但对
你绝不会有什么妨害；而对学生来说，半年就可能影响到他们半
辈子甚至是一辈子。希望你能再用半年来帮助学生半辈子甚至是
一辈子! 我们是穷乡，孩子们也是清贫的穷孩子，请你再考虑一
下，我不要你马上给出一个答案。"

"谢谢你! 就请让我再考虑考虑。"既然高源已经把话挑明
了，贾成功也明白他的一片苦心，姑且表了一个态。

星期一晚上，高源上了晚自习，处理完当天的作业，已快到
十点。回到寝室，刚坐下，贾成功就来敲门了。

贾成功星期天没有补课，回去就高源希望他推迟调动工作的
想法和父亲商量一下，父亲问儿子心里到底是怎么想的，贾成功
说自己心里矛盾着，有点儿犹豫了。贾父说去找一下吴叔叔再
定。吴为听了战友谈起贾成功有关调动工作的事由，猛地拍了一
下自己的头："嗨，我怎么没有想到这一层呢! 那好，成功如果
想等学生毕业后再回来，我支持他! 这样，对大家都好交代，不
留遗憾。他若想马上回来，也行。不过，要把学校那边的事处理
好。"吴副县长的决定让贾成功全家吃了个定心丸。不过，贾成
功还想再试探一下高源的真实想法，因为目前他感觉到在学校
中，只有高源一人不愿意他现在调动，若觉得高源的态度不是特
别坚决的话，他还是想早点调动。因为他父亲对他调动工作一事
还是有点担心，怕是"夜长梦多"。

"高老兄，在学校里，你是我最佩服的人。善良，正直，有
才华，又勤奋，更爱护学生，这些都是你的优点。但要多汇报，

多走动，不要让读书人的清高孤傲毁了自己的前途。我原有个老师，目前在城区县第二中学当校长。他那里需要一名团委书记，我想推荐你去，你若去，定会大有作为。"贾成功没有谈关于自己调动工作的事，反而劝高源要考虑自己发展的事情来。他决定讲一通体己的话来打动高源，以便高源更好地支持自己。

高源听贾成功谈的话题是劝自己考虑自身的发展，好家伙，竟然是想先绕一个圈子，让自己钻进去，再说他自己的事不就顺理成章了！他也假装糊涂，反问道："贾老兄，你是想帮我吗？那先谢谢了！"

"高老兄，你的心眼儿别太实了，该灵活的时候就要活一点儿。说白了，你已为这个穷学校做出了自己应有的贡献，还是要适当考虑自己将来的发展。一个单位，一个集体，有了成绩，首先是归当头儿的，得好处的不可能是大家。告诉你一个秘密，我在县上偷看过王校长的签字。王校长是个好人吧，但他依然为了自己的利益，不会完全考虑到教师个人的具体困难。你知道，傅大勇夫妻两地分居十多年了，写过多少次申请，为什么就没有被批准？"

贾成功说到这里，看着高源。高源自然不明个中奥秘，只是摇摇头。

贾成功压低了声音说道："告诉你，就是因为傅大勇的物理教得好，王校长才根本不想放人。"

"难道是他不签字？"

"字当然签啦，不签不就直接把人得罪了吗？可是，签字的学问却是很多人不懂的。"高源实在搞不懂，这签字还会有什么玄机？他没有插话，看着贾成功说下去。

"当着傅大勇的面，王校长签了'同意调动'四个字，可等区上交到县上后，王校长又去人事股拿出来，加了一条尾巴——'与否，请领导考虑！'县上领导一看：'同意调动与否，请领导考虑！'自然就明白了学校的意思，所以，申请就没有被批准。这件事，千万不要对别人提起。"

高源第一次了解到这样的内幕，脑袋"轰"地响了半天，感觉有些晕晕乎乎的了，喃喃自语："这是不是太黑了？！"

"这不是'黑'，这是学校实际情况决定的，也是权术使然。你想，目前，全校老师取得专科文凭的人数是零，基本上是中师生在挑教学的大梁。要办好一所学校，离不开好老师。所以，一所学校的校长要办好学，总是要千方百计地挽留好老师，要求分配好老师。"

高源想起有一次和王德立在一起吃饭时，王德立评价过他："你过分善良，太讲人情，重义气。兴趣又不在行政上，也不懂权术变通，从政会吃亏。搞学术还会有一点造诣。"另外，高源自知自己的智商和情商并不低，可要去走行政，步入仕途，就得耗费一定的时间和必需的经费去应酬。一切收获均要以付出为代价。说实在话，他的志趣与家里的经济窘况不允许他去做这方面的投资，他可以发展，但必须是风清月朗的发展，否则，不受。

当年高考失利，高源原本怀着为了实现社会公正的愿望，想去学校补习再考政法大学，可因为他的分数已超过中师中专录取线，加上当时家里经济拮据，为了减轻父母的负担，他选择就读中师。因为国家对中师生实行生活费补贴政策，一个月有十五元，如果只用于吃饭，这笔费用基本上就够了。另外，家庭困难的，只要村上和乡里出证明，每月还可以领到两元助学金饭菜票。只要节约一点，不做其他开销，就完全可以对付过去。回想就读中师的两年岁月，家里为了支持他读书，东拼西凑地给了他三十元。

现在他领到的工资，除去水电费和房租家具费就剩四十九块三角二分钱了！父母恩要报答，自己在生活上基本的开销、学习进修必需的支出，致使他很多时候都囊中羞涩。每到月底都要靠去财务室预支一二十块钱才能应付过去。所以，从多方面来讲，自己的确不适宜在从政方面费心思了。

高源沉默了一下，他不想谈自己的事，就对贾成功说："贾老兄，我们不扯那么远了。像现在芦溪乡这些山区农家子弟的出路，多半是靠读书和当兵这两条路。我们不会忘记，当年，我们农村的学生能考上学校走出去，还得感谢邓小平，恢复了高考。"

"是的。那些父辈手握权力，靠推荐就能上大学的人在高考制度得以恢复后反而就没有机会了。"

"极少数人没机会，绝大多数人就有机会了。否则，人才被埋没，公平被践踏，人民的生活还会有希望吗?"高源说着说着，不知不觉有点儿慷慨激昂了。

"算了，高老兄，我们不说这些沉重的话题了。你知道，现在我们这儿教师一年可领奖金五十元，城里有些当官的一年的灰色收入有多少钱吗? 那些守个铺面做生意的人一年能挣多少钱吗?"

高源反问道："该是我们的多少倍?"贾成功伸出一根手指头。"十倍?!"

"至少是这个数。其实，有的人远远不止这个数。可我们这里一年的收入，不吃不喝，顶多买一台黑白电视机而已。"贾成功偏偏是哪壶不开提哪壶，他的一连串话语针对高源的窘境，直戳高源的痛处，想要把高源逼到情感的绝望处，使其缴械投降，同时遂了自己的心愿。

说到收入，想到自己的经济窘况，高源默默无语。看到此情景，贾成功趁机又逼近一步："高老兄，我也听说，有所条件好的学校，他们校长想调你去那儿。改善一下你的待遇，对恋人，对家人，对你的前途都有利啊!"

"贾老兄，你之前说过不要让读书人的清高孤傲毁了自己的前途，说实在的，我或许有时有点清高，但我绝不孤傲。俗话说，人往高处走，水往低处流。我也曾想过调动工作。我的父母身体不太好，这里经济待遇、生活条件、交通状况都差，一分钱难倒英雄汉的羞愧心与自卑感时不时地都在煎熬着自己，真想换一个条件稍好的地方满足自己的一些小小的愿望。当初，我考上中师时，就暗自在心里发誓，一定要好好报答父母，可是，我工作这么几年下来，除了手表、衣服是我自己挣的工资买的，连买辆自行车都得靠父母援手。另外，很多时候，我都想给女朋友买点礼物或带她到省外去旅游，却总是无法潇洒起来。唉，尽管如此，我想，纵然有千难万难，也要坚守半年；即使要调动工作，也绝不是现在，至少应该安心地把这一届学生送进中考的考场后再来考虑。否则，万一学生的中考失利与自己调离有关的话，那我就追悔莫及，良心将一生不得安宁。"班上的现实不能容许高源有丝毫的犹豫，再顺着贾成功的攻势，他难免不会摇摆苟同。想到这次谈话的主题，于是，高源定了定神，稳住情绪，果断地对贾成功说出了自己的肺腑之言。

高源的灵魂荡涤着贾成功心中的尘埃，他情感真挚，态度明朗，他那坚定执着的意志再次打动了贾成功。贾成功也最终决定抛弃幻想，表态道："高老兄，你说得好——'纵然有千难万难，也要坚守半年'！就让我们用这半年的努力来祝福这一届学生吧！我坚信，通过我们的努力，他们的一生会有一个好的起点！"说到这里，贾成功激动地站了起来，接着大声说道："等我拿酒来，高老兄，今天，我要好好陪你喝几杯！"

"别急，我们去弄点下酒菜来！"高源知道自己成功了，兴奋地暗暗捏了几下拳头。

"都这个时候了，还要弄什么下酒菜？"贾成功一看时间，已是子夜时分了。

"上天赏赐给我们的美味可不要辜负了啊！"高源向贾成功说了自己的想法，贾成功拍了一下大腿："要得。"然后二人一道，去喊上付正平、袁华二人。提着小水桶，带上舀子，找了一把装三节电池的电筒，四个人悄悄地出了校门，到芦溪河边去捕鱼。

冬天的芦苇已很静默了，雪白的芦花如在河边浣纱后的仙女。抬眼望去，如水的月光下，一条宽大的素锦铺向远方……

河水清澈见底，水中的鱼儿也懒得动了。高源提桶，袁华打电筒，付正平舀鱼，贾成功协助把舀上来的鱼放进桶里。走了半个小时，捞上来的鱼有四五斤了，大家觉得有些寒气逼人，于是返回。

众人一齐动手，在付正平厨房里把鱼煮了。高源提议给付正平的老妮儿和小孩儿留下一碗，其余的，加上付正平泡的几个茶叶蛋和贾成功提的一瓶尖庄酒，大家一齐享用了。这是一个只有小小利益冲突，没有一点仇恨的小团体。在远处看，这个小团体亲如兄弟，馨香而美好。

这一晚，高源睡在轻柔的和谐上，睡得很香。

这一周星期天，贾成功不再赶新课进度。

8.

幸　福

　　春天有一颗躁动的心，沉寂了一个冬天的季节，总想着尽情地舒展自己的眉，舒展自己的腰，舒展自己的双臂。人类，作为大自然万物中的灵长，更是不甘寂寞。

　　新学期又过了一个月，远近的学校又开始组织春游活动。班委和科任教师给高源建议，为了让学生紧张的神经松弛一下，可以带全班到附近旅游一下。高源查看了气象日历，和袁华一起向王校长汇报带学生到附近游览的计划。王德立一贯反对只晓得打时间仗的蛮干做法，甚是支持。并亲自到乡农基站联系了三辆敞篷货车，放上条凳。油费、门票加伙食费，每人交了三元游览费。初三年级两个班学生用了一天时间高高兴兴地游览了三苏祠、仙女山、将军湖。

　　繁卫东在三苏祠，感慨道："我们的家乡真是人杰地灵啊。苏东坡他们三父子，为家乡真是增光添彩了。一定要将他们的这股豪气移植到自己的身上来。用豪气行走，怎么样都不会走出一个软蛋来。"他的话音一落，立刻响起一片热烈的掌声。

　　"从书本跳到/郊外去/在梦中都有过几回　听泉水在岩下弹奏/看小草轻盈的舞姿/让和风按摩困倦的眼睛/请丽日给我们留个影　踏青去/蓝天白云下/再点缀些红橙黄绿紫　登上山顶/摘

186

一片新叶做书签/捉一只蝴蝶制标本/再按下键子/记载我们应和鸽哨的声音……"春游回来，高源将学生们春游的喜悦写在自己的诗中。

星期天，高源改完试卷，拿着函授课本走向学校花园。他穿过一片花海，来到湖边。这座湖不宽，有十三亩左右，王德立取名映月湖。

高源来到两棵桃树下面的石凳坐下，复习几章后，觉得有些倦意，站起来，活动活动筋骨。突然间，他眼前一亮，湖面上飘落着色彩斑斓的花瓣，花瓣似小船儿在漂荡着。咦，不是清风在吹拂，而是湖中的鱼儿在推动着彩船，它们似乎在搞划船训练。有的像新学员，划桨不稳，小船不听使唤地乱打转；还有几个急躁的家伙，竟然把一只小船给掀翻了！有一只小船如箭一般直冲前方，如果不是教练在示范，那一定是优秀学员在做精彩表演！

高源心旷神怡，沉浸在湖中美景里，不禁深深地吸了几口气。当他抬起头时，看见谢红荭和繁卫东向他走来。

这一天，王德立给学生们复习了简述题中常见的失误，再抽背了一半的学生，就放学了。

补课后，繁卫东没有回家。他叫上谢红荭来找高源，想请老师帮自己改一个名字，因为谢红荭的名字曾是高源给改的。繁卫东觉得"谢红荭"这个名字就是比"谢红"好，既符合女孩子性别的习惯性称谓，而且不俗气，内涵还丰富。

原来，初一报名时，高源班上有两个女学生的名字重了，都叫"谢红"。在课堂教学和其他集体活动时，常引起误会，特别是在批评其中一个"谢红"时，更让另一个感到不自在。后来，有的老师利用身高来区分，叫"高谢红"和"矮谢红"。这样叫来叫去，觉得也不妥。有老师建议让其中一个人转到袁华班上去，结果两个人都不愿意。班主任高源叫二人回家同家长商量一下，看能不能改一下名字。

第二天，矮个子谢红到办公室对高源说："高老师，我爸说人的名字是不能随便改的，除非是拜了干爹干娘的，干爹干娘才可以另取一个名字。"高源听后说："好了，我知道了。你去叫第二组的跟你同名的那个同学来。"

高个子谢红来后，给高源行了个鞠躬礼："高老师，我爸说谢谢您！他说不好意思，没想到没有取好名字给学校带来了麻烦。他说他文化不高，想请您帮忙给我取个名字。"

"不是你的名字没取好，作为女孩，取个'红'字也符合我国传统文化习惯，只不过在班上恰恰遇到了有一个跟你同名同姓同性别的同学。"高源为家长的理解而感动，想到既尊重家长的意愿，又叫起来顺耳，也不做太大的改变，想了一下说，"你原来那个名字就用做小名吧，就在你原来名字后面叠加一个同音字草头'荭'，'谢红荭'就作为你的学名吧。荭草生命力强，花朵美丽，可以入药。希望你能像荭草一样，做个有益于社会的人。"

"谢谢高老师！"高个子谢红对老师改的名字很满意。后来，谢红荭的父亲在家长会上还专门为此事向高源致谢。

繁卫东，其名字的寓意很明显。在政治挂帅的年代里，老百姓的思想觉悟一点也不低，"卫东""卫国""卫华""为民""建国""国庆"等名字都蕴含着"红"意，表露出一个"忠"字，体现了"先进性"和"革命性"。那时的"张卫东""李卫东""王卫东"还真不少见，有一个偏僻的小村子，名叫"卫东"的就有几十个人。

高源知道，这几年里，有极少农村家庭条件差的学生为了早日转成吃国家供应粮的城镇居民户口，当年没考上中师中专却不愿读高中，便到学校复读。同时，不少学校为提高自己的升学率，也招了一些往届基础较好的毕业生再返校复读补习，如果复读生多，就可单独办一个班；如果复读生少，就插入应届班。那时，复读的风气并不浓，但是招得到复读生，也有两个益处：一是可以增加学校的一点点收入，复读的学费要比应届生高出许多；二是可以提高学校的声誉，大多数复读生的基础扎实，在再一次的中考中占有一定的优势，考中的希望比较大。复读生考中的多，外校转来的学生就多了，人气旺，带来财气旺。县内就有一所学校专门办了两个复读班，每年均有二十多个考上中师中专的，那里的校长或老师走出去，都觉得脸上有光。复读生能参加中考，当时也没有什么苛刻条件。除了政策默许，还有一个大家口头不说而心知肚明的诀窍便是将复读生充作应届生，为了避免一些麻烦，个中办法最简单的就是建议复读生改一个名字。不知繁卫东想改名的原因是什么。

当繁卫东一说自己想改名字时，高源忙叫他坐下，他微笑着对班上的数学科代表说："想改名字，好啊！你说说看，为什么想改？"

"我总感到不满意，还有'卫东'这个名字，我们生产队大大小小的人就有十几个。有时几个同名的人在一起时，听见叫'卫东'时，都不知道该不该答应。答应吧，又怕答应错了；不答应吧，又怕别人是在喊你，说你不懂礼貌。"繁卫东苦笑了一下。

"那你想取个什么样的名字呢？"高源关切地问。

"高老师，我们同学都欣赏您的名字。据说，您的名字是改过的。"繁卫东没有直接说出自己的想法，倒先将话题转移到高源身上来。

"哦，你们也会搞侦察啊！"高源和学生相视一笑。

"我是听别人说的。"班主任的幽默让繁卫东感到有些不自在，他把目光转向谢红茬。

"对对对，我们是听别人说起才晓得的。"谢红荭附和道。

为消除学生的尴尬，高源便主动道来："是的，我的名字是自己改过的。"

"那您原先的名字叫什么呢?"谢红荭显得很好奇。

"我的曾用名叫'高才俊'。"

"这个名字好啊，您怎么要改呢?"繁卫东不解。

"是啊，高老师，您不是常用唐代诗人杜牧的诗'胜败兵家事不期，包羞忍耻是男儿；江东子弟多才俊，卷土重来未可知'来鼓励我们不怕失败吗?"谢红荭说出了心中的疑惑。

"啊，谢红荭，你说的诗中的'才俊'跟我原来的那个'才俊'不是一个意思。我父母给我取的'才俊'这个名字中的'才'是我们高家排行中字辈里的一个字。高氏字辈在全国各地有一两百种，听老一辈讲，我们高家是湖广填四川中的一支，字辈排序为'定国安邦，大才显洋'。我父亲一辈的排行为'大'，自然到我们这一代就为'才'。为什么取个'俊'，恐怕是父母担心他儿子的长相，找不到儿媳妇哟!"

高源的幽默让师生间的言谈气氛更轻松了。

谢红荭笑道："林老师长得那么漂亮，高老师真谦虚啊!"

"谢谢! 后来，我怕名不副实，引起别人的误解，就自作主张，改了名字。现在这个名字的寓意就是'志存高远'的意思，'高源'即'高远'的谐音，并以此来鞭策自己。"

"哦。"繁卫东和谢红荭恍然大悟，同时点了点头。

"其实，名字就是一个符号，也没有太多玄妙的东西。当然，名字的内涵多一点更好。鲁迅先生一生取的笔名有'孺牛''晓角'等一百多个，包括'鲁迅'在内。据说，鲁迅先生很谦逊，取名'鲁迅'意思是自己愚鲁迟钝，要求自己做事努力快速一点儿，以勤补拙。我们中国文化很具有包容性，并提倡万事万物平等。比如我们人类不必都姓'任(人)'，可以姓动物的'马'

'羊'，姓植物的'叶''华（花）'，姓国名的'齐''楚'，姓地理方位名的'东方''南郭'，如此等等。只是我们在取名字时，不可太随意，要适当地考虑自己的志趣，考虑大众的文化倾向和接受习惯。比如，姓龙的与姓王的生个儿子，就不能只考虑男女平等，给儿子取个名字叫'龙王'；一个姓姚的人要求自己任何时候对人都要讲文明礼貌，但不应就此取个名字叫'姚总礼'，因为'总礼'与周总理的那个职务名称'总理'读音容易相混。"高源与学生们闲聊起来，说到这里，他看着繁卫东说，"你的姓比较少见。在古代，繁姓人主要居住在北方。"

"是的，听我爸讲，爷爷给他说过——我家的祖先好像是为了躲避战乱才逃到南方来的。"繁卫东接过话头说道。

"哦。"高源点点头，继续说道，"据说，汉代时，你们繁姓中出了不少优秀的读书人。东汉就有个人叫繁仲皇，官职做到了刺史。他家世代被人称为'书生门户'。你的名字'卫东'时代特征明显。取名不一定按排行来，可以按自己的想法调整。你说说，你有什么想法？"

"我不想改得太多，包含的意思尽量多一点。"繁卫东说出自己的心思。

"我喜欢高老师给我改的名字，变化小，简单又有新意。"谢红荭插话道。

高源轻轻敲了一下石凳，谈了自己的想法："那好，我建议改成'学东'，对，就叫'学东'！卫东先要学东，毛泽东主席是一代伟人，他有许多才能值得我们学习。他的名言，你们还记得吗？"

"世上无难事，只要肯登攀。"谢红荭背了一句。

"自信人生二百年，会当水击三千里。"繁卫东也背出一句。

高源很满意地颔首赞许。他继续解释说："'学东'还有一层意思为做一个有真正学问的东方人。"

"高老师，我想，这个名字还可不可以理解成'只有掌握了学识本领，才能立于世界的东方'呢？"繁卫东谈出了自己新的见解。

"说得好！"

"谢谢高老师，我今天就改名了！"

"繁学东！""到！""繁学东！""你好！"师生三人都乐了。

"好了，已快到十二点了。"高源看了一下手腕，又看了二人一眼，笑着说道，"为了'繁学东'这个新名字的诞生，我提议今天中午，我们师生五人一起庆贺一下！怎么样？"

繁学东和谢红苣二人对望了一眼，有些迷惑。

"简单，我寝室里都有现成的。走吧，你们去帮我削洋芋。今天，烧煤油炉子，煮一盆洋芋排骨葱花汤给大家品评一下。饭就在付正平老师的灶上煮。"

谢红苣不解地问："高老师，还有两个人是谁？"

"噢，有何明遐。今天，他哥回老家去了，伙食团又不开门，他一个人做饭麻烦。当然，还有一个人是我的小妹。繁学东，你先去把何明遐喊过来。"

仲春时节，万物勃发出旺盛的生命力，处处呈现着激情的旋律。树木的时装秀、花朵的选美赛、蜂蝶的歌舞会在大自然的广场依期举行，热闹非凡。

周四高源收到林婧的来信。林婧说，星期天出去赏花。并在信中说，亲爱的，你为学生写了歌，也应该为我们美好的爱情谱写一曲吧！

周末放学后，他询问了几个同事，附近有什么地方的风景好。有老师推荐说，九股泉水库的风景不错，特别是在水库侧边有一片李花林，景色更是迷人，特别适合恋爱中的年轻人去游览。去年，班上的师生同去九股泉水库搞过一次野炊，高源熟悉

那条路，距学校不算远。听说有一片李花林，高源心动了，决定
到那儿去看看。

星期天，高源一大早就骑车到林婧家门口，只见林婧早就在
那儿等他了。女友左肩挎了个白色的皮包，右手提着一个黑色大
纸袋。他准备上楼去向未来的岳父岳母打个招呼，女友劝阻说：
"他们都上了夜班，让他们多休息一会儿吧。"于是，高源和林婧
来到集市，采购一些中午野餐的食品，林婧挑了一斤卤鸡爪和鸭
胗，高源买了半斤炒花生、两斤橘子和两瓶水，并向老板要了一
个塑料袋。

高源将东西放进车篓里，搭上林婧往目的地奔去。

水库坐落在群山之间，水域宽阔。这里成了鱼儿和水鸟的天
堂。一群白鹤在水面上忽高忽低地翻飞着，似乎在搞一场热烈的
舞会。有两只翠鸟栖息在树枝上欣赏着白鹤曼妙的舞姿，一见高
源和林婧走来，欢叫一声，便展翅轻掠水面而去。一会儿，那对
翠鸟又飞旋回来停在树枝上，一只叼着一条小鱼，另一只在轻轻
地啄着品味，十分享受。

水库堤坝较宽，在堤坝外侧可见一排排灶坑。库中水质好，
远处山林密，空气很清新，四周住户少，此处成了附近八方学校
学生野炊的基地。

看到堤坝上有一些扁平的小石头，高源对林婧说："我们来
玩一下打水漂，怎么样？"

"我打不来。"林婧望着男友说。

"没玩过吧，很简单的。我来教你。"

"好。"

高源弯腰捡了几个石头，选了两个轻便的石头给女友。然
后，把投掷石头的要领说了一遍，接着亲自演示了一下。只见高
源右手捏着石头，往下一蹲，左脚往前跨，身子朝后倾，右手拉
弓似的猛地用力一甩，那石头顺着水面飞了出去，在远处的水面

上连续跳跃了五次后没入水里，溅起了五个小圆圈，荡起了五处细细的涟漪，美妙极了。

林婧学着高源的架势，将石头撂出去，"唉，打了两个就沉下去了。"

"不错，不错了！我第一次投，才一个呢。再练练！"高源鼓励女友，又去捡了几个扁平的石头。林婧又扔了几次，觉得手臂有些酸了，但她很兴奋："终于打到四个水漂了！"

"了不起！这种游戏多半是男孩子爱玩，练臂力很有效果。小时候，我们去积肥拾粪遇到狗时，就这样扔泥巴、石块把狗吓跑。"

"难怪你打得多，原来早就有基础。"

二人说着话，慢慢走下石梯，到水边洗手。

高源笑道："如果单说'打水漂'这个词，不管打多打少，也无意义。打得再多，也要沉没，看不见了。"

"意思是投资失败吧。"林婧也笑了。

"对对对。"高源携手林婧，沿着水库转了一圈。

"我们去看看九股泉吧！"转完水库，高源推车向九股泉走去。

不知道河是泉水冲刷出来的，还是泉从河中孕育出来的？九处泉眼齐聚在一条小河中，"九股泉"也成了这个地方的标志性代名词。四周是浅山，山脚下散居着几户农家。来到河边，只见清澈的河底汩汩地冒出了几股泉水。

"一股，两股，三股，四五六七八九，果真有九股哩！"林婧蹲下去好奇地数着泉眼。

"住在这里的人真是幸运，可以天天喝泉水了！"高源感慨道。

"那我们下次提个塑料桶来装点回去。"

"好的。小林，走，我们去李花林。"

高源看见不远处有个农民在菜地浇水，他去打听李花林的方位。

沿途缤纷的花朵映入眼帘：粉红的桃花，粉紫色的萝卜花，粉白的葱花，金黄的油菜花，黑紫相间的胡豆花，白红黄蓝的豌豆花，还有一些色彩艳丽不知名的野花。转过一座小山，眼前出现了一片白茫茫的花海。淡淡的花香随微风阵阵袭来，沁人心脾。高源和林婧都加快了脚步，渐渐走近了李花林。李子树一排排，一列列，排列在一条小径的两侧。高源将车停靠在路边，便和林婧在花下漫步。寂静的树林，洁白的天地，清凉的空气，徜徉于花的海洋，如处天外世界一般。一簇簇洁白的李花挂在灰褐色树梢上，依着花托的是嫩绿的萼片，五瓣花片簇拥着金黄的花蕊，五彩辉映，李花的白便不显得单调。灰褐的深沉，嫩绿的鲜活，金黄的华丽，加上洁白的清纯，让人爽心悦目。几只蜜蜂从树枝中穿越，更添林中生气。偶尔，有一片花瓣凉雨般地从脸庞滑落，让人感到几分醉意。此时此刻，什么也不看，什么也不说，什么也不想，闭上眼，听身旁的蜜蜂吟唱，听远处鸡鸣犬吠，全是天籁之音。花香淡雅而浓郁，高源忍不住舒展双臂，贪婪地吸上几口，香甜的空气布满身心，一个花人的影子消失在悠远的天际！

过了一会儿，高源从自行车篓里拿出一块塑料薄膜来铺在地上："小林，累了吧，快坐下歇一会儿。"

"还不累。我叫你写的歌，写好了吗？"

"你布置的作业敢不完成吗？"

"谢谢，我也送你一件礼物。"林婧显得有些神秘。

高源不知女友送他的礼物到底是什么，只是微笑着看见林婧从她提的黑纸袋里抖出一套银灰色西服，质地是高尔夫面料，可能价格不菲。高源此刻觉得幸福的美酒太浓烈了，闻一下就醉

了！正在陶醉中，只听得女友说："先试一下，看合身不？"

林婧将西服披在男友身上，高源觉得长短十分合体，他一下子联想起去年野炊后女友同他比个子的情景，原来，他的身高密码早被林婧窃取了！他抑制不住心中的激动，深情地望着女友，又顺便瞥了一眼标签：118.00 元。

"合身，就是太贵了！"高源默算了一下，买这套西装得花销三个月的工资。

"你穿，就不贵。"林婧含情脉脉地望着高源。

"谢谢你！"高源心底一热，升腾的暖流在全身涌淌。

"还用分你我吗？"林婧帮他把衣领整理了一下，顺便把价格标签撕了。

试衣后，高源和林婧坐在塑料薄膜上，高源将写的恋曲交给了林婧。林婧看了《我们在一起世界多美丽》的曲谱，便轻唱起来：

自从春天认识了你，
四季变得更美丽。
朵朵鲜花向着你，
香甜的果实也走向你。
但愿我们在一起，
枝叶永远不分离。

自从生命爱上你，
再也不敢去失意。
你说谢谢今世缘，
我说谢谢你！
天地有了我和你，
家乡四季更美丽。

这是爱的宣言，这是爱的心声。林婧唱着唱着，高源也跟着和唱起来，甜美的歌声在林中回响。

"这首歌曲有没有受琼瑶作品的影响?"林婧偏着头问。

"美好的东西应是相通的，也说不准是受了谁的影响。要说影响，就是受到了发自心底美好感觉的影响，这是一种真实的幸福，而不是停留在文学世界里的另一种真实。"高源谈了自己的观点。

"嗯。"林婧若有所思地点点头，又想起了一件事，便问道："你还记得我们第一次约会的情景吗?"

"当然记得! 现在想起真是有趣。"

前年，因为惺惺惜惜惺惺，在对彼此有一定印象后，两个学校的这对教学能手由倾慕到相恋，开始飞鸽传书。

为了避免尴尬，这两个相识于同事的口碑、从未谋面的年轻人约定了见面的时间、地点，还有见面的标识物。

那一天，从芦溪河下游群英桥出发的高源骑上飞鸽牌自行车，来到芦溪河中游的江溪小学旁边的永红桥桥头等候。林婧从学校推着凤凰牌自行车来到永红桥，看见早在桥上张望的一个英俊小伙的自行车龙头上夹了一本杂志，刊物上露出"中国青年"四个字! 高源看见前来的美丽姑娘的自行车龙头上夹了一本杂志，刊物上露出"红领巾"三个字! 暗号对上了! 自此，这对年轻人抛弃了世俗的偏见，谈人生，谈事业，谈理想，成了志同道合的恋人。

"高源，你还记得有次，我寄给你抄的那首《卜算子·我住长江头》吗?"

"永远不会忘记，我和学校的老师还经常吟唱呢。"说完，高源和林婧一起唱了起来："我住长江头，君住长江尾。日日思君不见君，共饮长江水。 此水几时休，此恨何时已。只愿君心似我心，定不负相思意……"

一个住在芦溪河尾端，一个住在芦溪河中游的两个妙龄青年心心相印，林婧慢慢地靠拢高源，高源情不自禁地伸出双手抱住了女友。林婧深情望着高源，李花下，清纯的眼眸闪亮，白皙的脸庞飞出了红霞，小嘴似一枝花蕾初绽的玫瑰在颤动，渴望着清风的抚摩、清泉的滋润。高源俯首向林婧贴近，他闻到了姑娘的馨香，这是上天赐给他最纯美最神圣的礼物，他要把她吻含在生命里，怜惜一生一世……

沉浸幸福之中的高源，脑袋里迸出了一首《心中情》：

遥望所有的梦想
都生长在你的枝头上
这一刻，你是柔情的
这一刻，林是茂密的
这一刻，你我都溶化在
一块甜甜的梦里
我们曾痴痴地寻找
天人合一
真的天人合一了
还怎么去寻找
当生命和梦想
在更远的地方生长
我便回过神来
经营爱情的土壤
也曾风和日丽
也曾风清月朗
总不希望遭遇你
倚门眺望，你是那
野草一样的迷惘
卑微地满过山岗

不知过了多久，高源看见阳光从枝条缝隙斜射过来，一看

198

表，已快下午一点钟了，心爱的姑娘也许饿了。他对林婧说：
"我们先吃点儿东西吧。""好哩。"于是，二人一起动手，把买来
的东西打开。高源用牙签穿了两片鸭胗喂到林婧嘴里，林婧尝了
一片，忙接过牙签，细细品尝，别有一番滋味。

吃了卤菜和花生后，林婧剥开一个橘子，递给高源："你发
表的那篇论文，是谈语文教学改革的。咦，我想起了一个问题：
能不能引入数学教学中呢？"

高源略一思索，便饶有兴致地谈道："数学教学改革虽不能
照搬语文的方法，但观点和理念是通用的。"

"能不能说具体点儿。"

"那就是树立课堂教学立体观。立体观的课堂教学才是适应
现代化方向的教学，对教材、知识传授对象、教法的选择、教学
内容的处理等都应具有立体观。如一个班的知识传授对象：首
先，优差生、中等生就构成了一个立体面，教者需要统筹兼顾，
既满足大多数，又让优差生各有所得。其次，对每一个学生来
说，要全方位为他的成长和发展着想，要把他的过去、现在和未
来联系在一起考虑。在教学阶段来说，不能只就某个阶段来思
考，如教初中生，不能单纯就初中阶段来思考他的发展，而不顾
他小学的基础，也不关心利不利于他以后的学习发展。最后，要
尊重学生，不能将学生当成静物或接受知识的容器来看待，他们
是鲜活生命的个体，有个性，有差异。教师或家长不能按自己认
知的标准或某一模子像雕琢玉石一样去塑造他们，而是要像阳
光，像空气，照耀并托起飞鸟一样，让他们飞得更高更远……

"对教学内容的处理，首先，不能只注意知识的单向性，立
体观要求对一类知识的讲解应重视其纵横性，让学生'温故而知
新'；其次，让知识内容'动'起来，如把一个公式放在具体的
运用中，使学生产生'豁然开朗'之感；最后，要联系实际——
学生实际和生活实际，使学生一'启'则'发'。总之要避免教

得呆板，学得死板，要注重提高教学效果……"高源口若悬河地把自己的见解表达出来。林婧觉得耳目一新，决心在以后的教学中要大胆地改革一下自己原来的教学，解放自己，也解放学生。只有这样，才能在教学之路上走得更远，不会沦为一个平庸的教书匠。

9.

说文解字

　　日子一晃便是五月。学生复习各科的进度已完成一遍。江玉春向高源反映："不知为何，现在很多同学脑中有种空空如也的感觉。"

　　高源回想起自己读中学时的情形，也有这种感觉。现代心理学上称之为"考试焦虑"，面临考试，很多人自然而然地就产生了这种心理焦虑。为克服这种焦虑，高源向班上学生介绍了自己总结的"两条线复习法"：一是主线，以自己复习为主线，根据自己掌握知识的情况"调兵遣将"，查漏补缺；二是副线，以老师的指导为复习的副线，克服盲目性可以提高效率。

　　为了给毕业班的同学再打打气，高源得知乡团委要组织一次创业演讲活动。他向王德立建议，安排毕业班学生参加。

　　在纪念五四运动活动上，乡团委以"闪光的青春"为主题举办了创业演讲活动，邀请了本乡的几个创业大王来讲述他们奋斗并取得成功的故事。

　　苦瓜大王刘建民高中毕业后回到农村，为了培育出优良的苦瓜品种，用了近三年的时间，足迹踏遍全区十二个乡，访问了十多个农技站，穿梭于省城几个新华书店和附近的图书馆，他拜老菜农为师，拜专家为师，拜书本为师。为了早日育出新品种苦瓜，即使债台高筑，满腹辛酸，他却矢志不渝。他顶着烈日在田间观察别的菜农种植的高产苦瓜，被狗咬伤，差点被误当小偷抓起来；他在图书馆翻阅书籍忘了时间，还差点被关在里面而遭到管理员的呵斥；在市场上为了购得几株壮苗，没有钱竟把自己的手表拿去卖，换来的钱中却有一半是假钞。他的不懈追求，感动了善良的老菜农，感动了资深的专家。老菜农打听到他家住址后，亲自上门，把自己培育了三十多年的优良种子无偿地赠送给他，并密授品种不变异的"祖传秘方"。农科所的专家亲自到他的田间指导他育苗、移栽、施肥、防治病虫害等技术。终于，刘建民培育出以白嫩、微苦、营养、高产为特色的"白玉牌"苦瓜获得了成功。他种的苦瓜被市菜蔬管理处列为定点收购产品，并且价格高出市场一般苦瓜三倍。刘建民被乡政府评为"苦瓜大王"后，还带领村上的农户大力发展种植业，奔跑在致富的路上。前不久，他参加团县委组织支援"三州"建设的活动，把种植苦瓜的先进技术带到凉山彝家……苦瓜大王总结说：只要定下了心中的目标，就要百折不回地去实现它，人生的意义就在于此。

酿酒大王屈晓明，为了创办自己的酒厂，先后到宜宾、泸州、射洪等酒乡去拜师取经。为了提高酒的口感度，他长时间含着酒水在口中体验，竟把自己的舌苔泡掉了一层膜……屈晓明虽然酿酒，但他从来不饮酒，他还成为一名鉴酒师。只要是名酒，他在口中含上几秒，就能说出酒的名字、酒精度和其他特性。酿酒大王最大的感受：只有善于向别人学习，才能成就自己。

养兔大王邓龙霞在养兔经历中深深地体会到：只有在失败和挫折中学到的东西才弥足珍贵。她为了学习养兔技术，专程到大邑县养兔能手任旭平那里去培训两次。其间，她养的兔子先后患病死过不少，但她坚持不懈，终于取得成功。

高源班上的学生和袁华班上的一部分学生带着本子认真地做着笔记，获得了极大的启发，得到了巨大的鼓舞。

回校后，高源和班委干部商量，趁热打铁，由班委组织一次以"榜样就在身边"为主题的学习方法交流会。

江玉春做了《联想记忆法》的介绍。江玉春说：联想让知识成为一个网状结构，相关的知识不会丢三落四，并可以做到融会贯通，精益求精。例如，我在复习语文时，只要一看到"鲁迅"两个字，就会想到鲁迅先生的生平简介，想到我们学过他的文章有哪些？有哪些体裁？重要段落有哪些？他的文章中有哪些名言？重要的词语有哪些？他在记叙文中刻画了哪些重要形象？他在议论文中又表达了什么样的观点？我们要学习他的哪些写作技巧？与他同时代的著名作家还有哪些？再比如，在化学知识的复习中，学习原子结构时，我们知道氧原子的最外层电子数为 6 个，在化学反应中容易得到 2 个电子以达到稳定结构，显－2 价，所以氧气在氧化－还原反应中呈氧化性，作为氧化剂，这也就是许多物质能与氧气反应的原因。进一步联想氧化反应的能量变化，可以记住许多氧气的用途——火箭推进剂，潜水、登山、抢救病人，炼钢、炼铁，气焊、气割；若从反方向思考，还可以联想到防火与灭火、铁生锈的防护等，这样，便丰富了我们的知识结构，并有效地与我们的日常生活联系在了一起。把前后的知识联系起来，把因果关系联系起来，这样学习，思路清晰，有条有理，避免了死记硬背，而且学习效率大大提高，学习效果显著增加。

高源对江玉春介绍的学法进行点评："联想让我们掌握的知识变得有活力，善于联想，就可以更好地积累所学到的知识。下面，我们来做个实验，这是我在今年春节前后学习的以联想为基础的'奇特记忆法'，下面给大家进行简单的交流展示。请二十名同学上台来，每个人随便写一个词语，也可以写数字，只是数字不要太长。我默记一分钟后，就可以按顺序写出来。"说罢，高源将一个小黑板提过来，学生们踊跃地举起了手，二十名学生兴高采烈地走上讲台，各自在小黑板上书写自己的内容，然后下去静候老师的表演。何明遐等同学们坐好后，将班主任的手表拿在手里，说了声"开始计时"，教室里顿时鸦雀无声。高源默默地凝视着小黑板，大家屏住呼吸目不转睛地注视着前方。当何明遐宣布一分钟时间到后，高源便将小黑板上写有内容的一面转过去，抬头在大黑板上流利地写下了五排字：

课桌　自古英雄出少年　8416　石头

6千万　江玉春女班长　才高八斗　方志敏

芦溪河芦苇花　保尔·柯察金　武松打虎　成都市

朱德　笔筒　青春万岁　善良无价

坚持不懈　事半功倍　毕业考试　母亲生日

　　写毕，高源又将小黑板翻过来挂在大黑板右侧，看到高源与大家在小黑板上写的内容和顺序分毫不差，学生们觉得简直有点儿匪夷所思：真是太神奇了！老师是怎样找出这些内容之间的关联的？

　　接着，高源解释道："我看了大家写的内容后，就想办法找出这些内容之间的联系来，于是就容易记住了。具体说来，是这样的——江玉春关上'课桌'，在名言'自古英雄出少年'的激励下，攀登上了'8416'米的高峰，幸运地捡到一块'石头'。原来这块石头是珠穆朗玛峰顶上掉下来的，价值'6千万'，她决定将其送到国家博物馆。我们的'江玉春女班长'十分佩服'才高八斗'的文豪，还佩服有高尚爱国情操的'方志敏'烈士。她思念家乡'芦溪河芦苇花'的美景，在河边曾学过描写'保尔·柯察金'的小说，阅读过《水浒传》'武松打虎'的篇章。后来，她从'成都市'来到了南充市'朱德'元帅的纪念馆，从一个'笔筒'里拿出一支笔，挥毫写出了'青春万岁''善良无价'两幅字来勉励自己向先辈学习，表示在学习上做到'坚持不懈'，讲究方法，取得'事半功倍'的成效，争取在'毕业考试'中取得理想的成绩，以此来祝贺'母亲生日'。"

当高源叙述完后，江玉春和同学们好像打开了思维的另一扇窗子，都情不自禁地鼓起掌来。

繁学东做了《重复是成功之母》的学法介绍。他说，对知识的掌握是由陌生到熟悉，由少到多的积累。欧阳修写的《卖油翁》讲的就是一个熟能生巧的简单道理。不要满足于暂时的理解记忆，要持有从零开始的态度，重复学习，反复记忆是一种好办法。比如，要记英语单词时，规定自己一天记五个单词，就可以按一定标准或规律进行归类，理解记忆。多次重复后，就可以将单词背得滚瓜烂熟。有了积累，再去运用，就能得心应手。然后，他又具体举了几个例子，给人以豁然开朗之感。

在数学科代表介绍后，高源说道："'一回生，二回熟，三回四回偷不走。'意思是说知识烂熟于心后，就是小偷也休想把它偷走！重复学习是一种聪明的'笨办法'，再强的记忆力也需要下功夫来巩固。说是简单，但真正要做到，也不容易；而一旦坚持下去，就会带来无穷的裨益。从我自身的经历可以证明这一点：记得我在读高一时，我叔叔送了一本《现代汉语小词典》给我，我用了一学期的时间来学习，词典中的百分之九十的成语我都能记住，并且明白其中含义，还能较好地运用。后来，我还专门整理选编了一本《成语分类》。在此以后，听别人说话再不感到费劲，自己写作也不觉得词汇贫乏了。下来，大家也可以用这种方法试试。"说到这里，他停顿了一下，继续说道："漆连仁和鲁媛媛两位同学作为学习有进步的代表，他们的一些做法也值得大家借鉴。"

漆连仁慢步走上讲台，显得有些腼腆，他看了大家一眼，又赶紧看着自己的本子说："我发言的题目是'做好纠错笔记'，有

说得不对的地方，请老师和同学们批评指正！我的基础不好，学习有些吃力，但我尽可能多学一点知识。为了减少错误，我把每一次测验或做作业中出现的错误记在一个本子上。同样的错误争取不再出现第三次。所以嘛，在老师和同学们的帮助下，我的学习成绩在慢慢提高……"漆连仁的发言赢得了大家的掌声。

鲁媛媛落落大方地拿着笔记本走上讲台，她发言的题目是"找准近期目标"。她说："太远或太高的目标只能让人望而却步，特别是我这种中等偏下成绩的。我的近期目标有两个内容：在分数方面，就是每一科争取在六十分以上，能顺利毕业，为以后我考上技校创造条件；在名次方面，就是按照班训上说的'赶超第一'，把排在我前面的一名同学作为我追赶学习并争取超过的目标。确定了近期目标后，我心里感到踏实，学习有了劲头……我学得比较愉快，虽然我的成绩比不上大家，但我尽力了，也就问心无愧。我真心地感谢老师和同学们！"鲁媛媛讲完后给大家深深地鞠了一躬，在众人的掌声中回到了自己的座位。

等班上四位同学交流了学习方法和感受后，高源总结道："同学们，由于时间关系，今天就暂时交流到这里。下来之后，大家还可以相互探讨交流，共同提高。良好的方法可以让我们变得聪明起来，减少我们做的无用功，把事倍功半变为事半功倍。什么叫'聪明'？我们一起来回忆初一时我给大家讲过的内容，请漆连仁同学来回答。"

"我们祖先在造'聪明'这两个字时，就告诉了我们——先用耳朵（耳）听，再用眼睛（丷）看，还要用嘴巴（口）说，最后要用心（心）思考；每一天（日）都有收获，每个月（月）都有进步，能够做到日新月异，自然就变得'聪明'了嘛！"漆连仁一边说，高源一边用红黄蓝白粉笔把"聪明"两个字的几个结构组成部分写在黑板上，十分醒目。

"漆连仁同学记性真好！回答完全正确。请大家再看看我们学的《出师表》中的'愚以为营中之事，悉以咨之，必能使行阵和睦，优劣得所'，其中'优劣'这两个字，什么叫'优'，那就是比'亻'（人）'尤'甚——比别人做得更多更好。什么叫'劣'？那就是'少'花'力'——少花力气，你比别人下的功夫少，那自然就处在劣势了。《礼记·中庸》里有一句名言叫'人一能之，己百之；人十能之，己千之。果能此道矣，虽愚必明，虽柔必强'，讲的就是这个道理。我们要以加倍的努力在务求过关后，力争最好的成效。"

学生们听了高源对这两个字的新解后，从另一个角度重新认识"优劣"的含义，也会意地感受到了汉字的独特魅力，再次审视了这两个字，并把它们抄写在本子上。

此后的时间里，各科老师反映学生们学习的精神状态让人满意。

为了配合乡政府提出的"大战红五月"抢收抢种的"双抢"农业活动，学校按惯例，准备在五月十一日至十八日放农忙假一周。

初一初二全放，至于初三放不放，放多久，王德立说，这个让班主任决定。其实，王德立是赞同放农忙假的，一是支持配合乡政府的工作，二是也借此机会让学生回家通过体力劳动来锻炼自己。

由于袁华是第一次上初三的课，他觉得心中没有多大的底，面对学生及其家长，他感到压力较大，他同科任老师商量后，决定不放假。

高源征求了班上科任老师的意见，放与不放差不多各占一半。他让班委征求学生的意见，结果是同意放假的人占了大半。

教学成绩的好坏，不能仅靠打时间仗，短短的几天也不会影响到什么。重要的是放假支持了五月"双抢"活动，让学生体验劳动和亲情。由于学校所处的区域，班上的学生除了鲁媛媛一个人是居民户口，其余的全都居住在农村，所有农户都需要人手；同时让学生换一种方式调整情绪，不仅可以使大脑神经松弛一下，还能使学生感受到体力劳动的艰辛，收获到另外一些弥足珍贵的东西，增添刻苦学习的劲头。高源想到这里，依据往届的情况，根据学生家庭实际，他决定折中一下大家的意见，决定从五月十四日起放假，加上星期天共五天，只比其他年级少放三天。

当江玉春在班上宣布时，很多同学都欢呼雀跃起来："万岁——"

高源编写的《语文基础知识常见重难点》复习资料还没刻写完，决定花一天时间在校内刻印出来。

班上放假的第二天，高源一大早就骑车回去。他的兄长在部队不能回来，父母的身体也不太好。上半年的农忙属于"双抢"，一般不便找人换工，他要尽力为家里分担一些农活。

高源回到家里，刚把自行车停下，就对在做作业的高迎辉说："小妹，走，带上镰刀，我们先去割麦子，待会儿中午太阳当顶时才回来做作业。"

"哥，哪里还有麦子给你割啊！想割家里的麦子，等明年吧。"高迎辉抬起头来，神秘地笑了笑。

高源觉得有点纳闷：家里种了四亩多的麦子，无论如何，家里人两三天是割不完的！

"你还别不信，你去问问妈吧。"看到兄长将信将疑的神情，高迎辉又补充了一句。

此时，高母听到儿子和女儿的对话，走了出来，对儿子说道："才俊哪，多亏了你教的那些学生啊！昨天，他们一下子来了十六个人，割了大半天，家里所有的麦子都割完了。你老汉儿说，今天再晒半天，下午就可以用电动打谷机打了。"

听到母亲的述说，一股幸福的暖流涌遍高源全身。

他即刻问妹妹："你认识他们不？给他们准备开水没有？"

"我只认得几个人。有玉春姐、谢红荙、胡云秋、何老师的弟弟、一个戴着眼镜的同学，对，还有一个长得和嫂子一样高的很漂亮的同学，其他的人都不认识。我和妈一起烧了半锅青蒿水和两瓶白开水。"

高源听了小妹的介绍，知道来的人中有何明遐、繁学东、鲁媛媛，这三个学生尤其让他感动。何明遐家里农活也挺重的，他知道何明进早就回去了。繁学东的母亲是不能下地干活的，他家分的田地也较远。而鲁媛媛呢，应该是一个典型的城市青年，可能从未干过农活。割麦子与薅玉米地里的杂草，这两样劳动在所有的农活中最为艰苦。一是这两种农作物的叶片上都带有茸毛细刺，擦在手臂和脸上，瞬间就会生出一道道红红的印痕，并且又痒又疼，浑身感到难受。二是这两种秆状作物长得有一定的高度，弯腰下去，总觉得密不透风，在太阳炙晒下，更觉闷热。不仅有"汗滴禾下土"那种火辣辣的切身感受，还有挥汗如雨且肌肤划痕被汗浸泡的刺痛感。

他想到这里，情不自已地来到自家的麦田边，看着收割后摆放得比较整齐的麦把，心里久久没有平静下来……他再也控制不住内心的激动，对着广阔的大地呼喊道："我可爱的学生们，谢谢你们！我为你们感到自豪！"

农忙假的最后一天下午，略感有些疲倦的高源早早来到学校。在上晚自习前半个小时，他来到班上，竟发现所有学生都坐在各自的座位上了。有的晒得有些黑了，有的脸上还隐隐带有一些擦痕，有的手上打的血泡还没散尽，有的手指还带着伤口……

看到这些情景，高源心生怜意。他踱步到教室中间，微笑着关切地问大家："这次放假，你们的收获大不大？"

"大——"

"说说看！"

"农活忙完后，现在大家各自可以放心地做自己的事了。父母可以慢慢地晒麦子，交完公粮，多余的还可以拿去卖钱。我也可以聚精会神地复习，朝着自己的目标迈进。"何明遐抢先发言，显得很轻松。

"家里人始终摆不脱与泥土、庄稼打交道的命运，十分辛苦，父母不愿意我们重走他们走过的路。我们就不要辜负他们的期望，努力用知识来改变自己的命运，将来去从事自己喜欢的工作。"繁学东说道。

"该我们女生说了！"鲁媛媛一下子站了起来，她显得有些激动，脸微微涨红了。大家一起把目光转向她，她家居工厂宿舍，好像农忙假与她是不沾边的事。不少人想知道，她在农忙假里究竟做了些什么？

"我以前，在家里有点儿受宠，不懂得节约，不懂得吃苦。这次放农忙假，我想请江班长给我补补物理和英语，就到了她家。我跟着班长割了半天麦子，王阿姨和江叔叔怕我累着，坚持不让我干农活。我了解到农村中很多家庭不富裕，但人们朴实善良，能吃苦。在以后的学习中，我也要发扬刻苦精神，争取考得好一点。"

"我也来说点自己的感受。"江玉春接着鲁媛媛的话说，"我们的父母很辛苦，作为子女，在家里要多体贴父母，做些力所能及的事；我们在学校里要勤奋学习，努力让家长少为我们读书的事操心。感恩从父母开始，让亲情滋养我们不断进步。"

胡云秋环视了教室四周，说道："以前，我就知道干农活很辛苦。我喜欢学校放假，但不喜欢学校放农忙假。在初二放农忙假时，我害怕回家割麦插秧，便哄骗父母说学校要上课，竟跑到别的地方玩耍去了。今年，我咬紧牙关回去参加生产劳动，锻炼了自己的意志力。再多的农活，也是干一点少一点。克服学习上的困难也一样，只要我们不怕，困难就会越来越少。"

见其他同学发了言，贾先和问同桌的漆连仁："你的收获是什么？"

只见漆连仁举起双手："我收获了很多红包。"大家开始一愣，感到惊诧，转而哄堂大笑。原来，是他昨晚干完农活很疲倦，回家睡觉时没顾上放下帷帐，被蚊虫叮了不少包块，现在还有红红的印迹！

高源回到讲台，环视了全班学生说道："离晚自习还有几分钟，我最后谈谈自己的想法。这次放假，可能是大家读书期间最后一次放农忙假了，将来读高中或中专，因为课程的增加，便不可能放农忙假了。所幸的是这次农忙假大家都有不少收获，我本人也有不少收获。我首先收获了友情，我代表全家感谢在座的同学们！你们不仅支持我的工作，而且关心我的家人。这次放假，班上同学首先帮我家抢收麦子，我大哥在部队，你们支援了教师家属，也支援了军人家属！我还收获了亲情，平时工作忙，难得与家人团聚，是这场'双抢'活动让我和父母朝夕相处。我还收获了劳动的快乐，把丰收的喜悦放进仓里，又把新的希望插到田野，那种快乐只有真正的劳动者才能感受到。在这里，我想起大家学过的一篇课文《茶花赋》，作家杨朔在他的文章里说：'凡是生活中美的事物都是劳动创造的'。刚才同学们谈得很好，丰收的美、亲情的美、友谊的美、意志的美都是劳动带来的。

"最后，我想问一下同学们，你们在劳动中，可曾思考过一个问题——为什么我们的父辈们这么辛勤地劳作，还是不能摆脱劳动的繁重与艰辛，还是不能快点致富起来呢？我想，可能有两点：一是我们简单的肩挑背磨重复性的原始劳动并不能创造多大的价值和更多的财富；二是我们劳动创造的农产品的附加值不高，自然带来的价值就低。所以，我们提倡科学育种，科学管理，科学加工农产品，才能增加收入，改善和提高我们的生活水平。我们国家很早就提出了要实现四个现代化，其中就包括农业现代化。我国有十亿多人口，农民就占了八亿多。农业不现代化，四个现代化就是一句空话。上次我们参加乡团委举办的五四演讲活动，那些'大王'就是我们学习的榜样。我们今天的奋斗，就是为了明天实现报答父母、建设家乡、回报社会的美好愿望。现在离中考只有一个月时间了，希望大家抓紧时间，做好最后的冲刺！"

班主任的一席话，让在座学生开始沉思起来，大家觉得又有一股力量在支撑着自己……

晚上十一点，高源从办公室出来，到学生寝室外面走了一遭，发现男生寝室里隐隐透露出一点光亮来。他知道一定是何明遐、繁学东等几个人在"开夜车"。寝室里悄然无声，时不时传出轻微的鼻息声。他没有出声，悄悄地离开了，心里只有一个愿望：中考早点结束，让学生紧张的学习得到放松。

记得去年的一个凌晨，他和付正平几个人吃完从芦溪河捕捞的鱼，聊天之后已是三点了，大家陆续回去就寝。他酒意未消，便在校园里走了一圈。当他走到男生寝室时，发觉玻璃窗透出一些依稀的亮光。他轻轻地走过去，观察到，住在高低床上铺的繁学东将被单搭在帷帐的横杆上，挡住放在小箱子上的煤油灯亮光，伏在床头的箱子上，写写画画，好像是在抄写着什么。下铺的何明遐用手电筒照着试卷好像在背记什么。当时，他没有惊扰学生。他想起了自己参加高考那一年的学习，也是这么熬过来的。那时，自己的底子差，只得花大量时间来补，一天睡眠时间不足六小时。晚上十点学校熄灯后，他伏在床头上那口姑姑送给自己的旧帆布箱上，悄悄点亮煤油灯，先用蓝色圆珠笔在草稿纸的一面抄写着要记的内容，翻过来又用红色圆珠笔抄写。有一天，复习时竟然将一根圆珠笔里的油写完了。这样一年下来，运用抄写记忆法将历史、地理共十本书的主要内容和重要地图都差不多记熟了。他曾将这段经历在班上与学生们交流过，是不是自己的言行对学生产生了影响？但那时自己只加了两个小时，学生这么做肯定是不行的！

第二天晚自习要结束时，他在班上强调，希望学生们尽量不要熬夜，要注意休息，保持精力，讲究效率。并要学生们吸取他的教训，当年他熬夜，损害了眼睛，成了近视眼。下课时，他单独找到繁学东与何明遐谈要求，二人表示压力太大，睡不着。看着二人为难的表情，他提出要求：在不影响其他同学休息的前提下，只准复习到十二点，绝不再延迟。二人也做了保证，以后也遵守了承诺。

五月下旬，学生复习已渐渐进入收官阶段。每天，高源都发现学生很少走出教室，除了吃饭，放学，在外面很难得看见班上的学生。有时走进教室，发现不少学生满脸通红。高源想起自己读书那阵，用脑过度时，脸发热，额头发烫，不得不用冷水浸一下，这也是大脑氧气供应不足的反应。如果这样下去，对身体不利，还会影响学习效率。

他想起前段时间写的歌词《让我们大家都来跑》：

大自然的早晨是多么美好！清新的空气飘呀飘。天空渐渐亮，小鸟喳喳叫。早晨锻炼很重要，让我们大家都来跑！

如果你感觉有些疲劳，请走出教室伸伸腰。外边跳一跳，操场跑一跑。清醒头脑学习好，让我们大家都来跑！

今天的家园望着我们，未来的幸福靠创造。身体多强健，重担肩上挑。亲爱的祖国等着你和我，让我们大家都来跑！

他本想借用著名作曲家时乐濛的某首歌曲的曲谱作为这首歌的曲子，他把歌词寄到北京东四八条52号的《歌曲》编辑部。

有一天，他收到《歌曲》主编时乐濛的回信。时老在信中说：谢谢你对我的信任，只是原作已在人们中传唱，不便再用在另一首歌词上面。虽然作曲家没有为这首歌词谱曲，但能收到他在百忙中的回信，这已让高源得到了莫大的鼓舞。那时，他没找到感觉，现在触景生情，来了灵感，一首校园歌曲的轻快旋律流淌在笔端，飞泻于一张洁白的纸上——

让我们大家都来跑

1 = F $\frac{2}{4}$

活跃.稍快

(5 123 | 0 212 | 0 2 67 | 1 01) |

5 123 02 | 5 06 22 0 | 2 60 | 1 15 12 | 0 3 12 |
大 自然的 早晨 是多么 美好！清新的 空气 飘呀飘。

5· 1 3 3 | 1 - | 1 6 1 2 | 3 - | 1 2 5 | 1 3 1 | 2 - |
天空 渐渐亮， 小鸟喳喳叫。 早晨 锻 炼很重 要，

结束句

5 1 1 | 1 1 3 | 1 3 0 : | 1 5 0 | 6 1 0 | 3 5 0 |
让我们 大家都 来跑！ 快跑 快跑 快跑

谱完曲子，高源轻轻地哼唱了一遍，马上又到学校的风琴上弹奏了一遍。然后拿出蜡纸、铁笔在钢板上刻写起来，最后用手推油印机印了几十份歌单。在早自习时，他发给学生们，并亲自试唱了一遍。然后，又教全班学生集体练唱了一阵。

歌声中，学生们慢慢走向操场，走向河边……

五月二十六日下午，王德立在办公室对高源说，袁华主任的父亲突然病逝，他已请假匆匆赶回家料理丧事去了。这几天不便找代课教师，其他学科老师的任务也重，他班还有两套语文复习题没交给学生练习。袁华想托高源帮忙把他班上的语文课代

一下。

"袁主任的课我去上，请他放心！明天放学，我去吊唁他父亲。"高源立即表态。

第二天下午放学后，高源与几个去吊丧的老师一起到了袁家。刚到袁家不久，就发现袁华的母亲因悲恸过度晕过去了。他一家人顿时有些紧张，一时手忙脚乱的。高源走过去，安慰袁华："别急！你和小梁在家照管伯父和亲友，我和你兄弟送伯母去区医院。医院距你家不远，林婧父母都在那儿，检查很方便的。"高源骑车飞快地向医院奔去。二十几分钟后，救护车来了。

几天后，高源在寝室里拾起一封没有落款、没贴邮票的信，信是从寝室门缝里塞进来的。他拾起拆开一看，原来是袁华写的。

袁华在信中说：这次家遇不幸，感谢高老兄伸出援助之手！高兄之情没齿难忘。想起去年的那件事，卑微至今，内心不安。

原来，袁华的女友在星光厂上班，女友的父亲是厂里物质供应科梁科长。梁科长择婿有个条件：要有一官半职的人才配作女儿对象的候选人。不符合条件的人，不管是谁，都不能与自己的女儿来往。为了让未来的岳父满意，袁华打听到贾成功要调走的消息，就去找王校长谈了自己要求进步的想法。恰遇要讨论贾成功与高源入党的事，为了稳妥起见，王德立暗示了袁华。所以，讨论会上，袁华两利相较取其重，无奈做了对不住高源的事情……

对此一事，现在请求高老兄原谅！

原本，高源一点都不恨袁华，他更想搀扶袁华跪在地上的灵魂站起来。在高源心里，袁华虽然被人利用，但他毕竟是兄弟，越是关键时刻，越是应该帮扶一把。毕竟，做一回小人，就伤了一次自己的心灵。做小人与当小偷是一回事，不管出于什么原因，偷过一次，三五年是洗不掉这污点的。

其实，袁华走上行政岗位不到半年，其中的苦与辛酸不是外人能理解的。接待上级各种检查后，因为经常陪酒和身体的缘故，他已经得了肝病。前不久，还发生了一件让他很恼火的事：县上某部门的干部下来检查工作，王校长叫他一起陪同。那个干部的烟瘾大，从操场走到厨房，从保管室走到实验室，抽完一支就把烟屁股交给他，叫他捏在手里，前后一共捏了六个烟屁股，整整熬了两个小时！有个烟屁股还把他的手烫了一个水泡，他的肺都快气炸了！但想到为了自己的前途，为了王校长的面子，为了学校集体的利益，他终于忍住了……

"袁老兄：你好！我私下里还是不称呼你的官职。你我有缘在一起，我们就随缘惜缘吧！很多事情，几年、十几年乃至几十年后，都可能是过眼云烟。对你来说，那件事你遇到了一股强大的力，错不在你；而对我来说，我也没有损失太多。此事，就不必放在心上了。学校工作繁忙，你也要多保重。有空我们兄弟多聚聚，多聊聊。就不再赘述，耽搁你的时间。握手。高源"。高源读罢回信，趁办公室没人时，塞进袁华办公桌的抽屉里。

日历翻到了六月。

高源收到一封信和一张三百元的邮政汇款单。

几行熟悉的字迹映入高源的眼帘，信和汇款都是蒋莲梅寄来的。莲梅在信中说：今年，她和丈夫包了一项工程，赢利一万多元。因为考虑到又要投资，便只给班上同学寄来一点钱，替同学们交中考考务费，余下的就给大家充作中午的伙食费。谢谢老师和同学们昔日对她的帮助！预祝大家中考成功！她期待着同学们的好消息。最后再祝全班老师工作顺利！身体健康！

三百元，这么大一笔钱，怎么处理呢？班上能不能接受呢？高源又喜又惊，按理……

　　根据市上规定，报考中师中专的，每生交五元中考费，报考高中的交三元，只参加毕业考试的交一元。鲁媛媛因还要参加技工校招生考试，就填报了只领毕业证的考试，另有二十六人报了中师中专，二十五人报了高中。

　　中考进入倒计时。

　　考前两个星期，各科复习工作基本结束，余下的时间差不多都让学生自己安排。

　　这一天，高源在办公室里复习自己的函授课程。

　　他感觉有人进来了，回头一看，是江玉春、何明遐、胡云秋、繁学东、语文科代表和英语科代表等几个人。他马上把收录机关了，叫他们坐。

　　"高老师，您看书还要听音乐啊？"江玉春不解地问道。

　　"哦，习惯了，似听非听。物理老师建议，用身边的声波抵御四周的声波，便可求得一个小环境的安静。所以，并不影响自己的学习效果。"高源解释道。

　　"啊，音乐竟有这么神奇！我原来还以为音乐一般只用来陶冶性情，消除疲倦哩！"江玉春好像有了新的发现。

　　"今天是星期天，你们该在家里好生调整，休息放松一下，怎么又来学校了？"高源觉得这些学生肯定心里有什么事，在家里待不住了才又到学校来的，便关切地询问道。

　　"高老师，您不晓得，我一回家，父亲就不停地问，学得怎么样了？我去洗碗，哥哥还在身边挖苦我：中专生快去复习吧，免得影响你了！搞得我没有心思看书了！"繁学东好像有一肚子苦水。

　　不等班主任表态，何明遐接着说道："我的哥哥跟父母倒好，这段时间只是问我休息得好不好，倒也不过问我学习上的事情。但是，我真害怕看到他们那充满企盼和担忧的眼神。我觉得如果考裁了，肯定对不起他们！特别是我哥，为了供我读书，为了我们整个家，连谈两个对象，都吹了……"何明遐说着说着，有些哽咽，他垂下了头。这个平时看起来率直粗犷的硬汉，竟有着这般儿女柔肠！

"明遐，你哥哥是好样的。"高源倒了一杯水递给何明遐，何明遐默默地接过端在手里。

江玉春给高源的杯子续上水，也给几个同学倒了半杯水。

"高老师，其实我一个人待在一间屋子里，没人来打扰，很清静。但不知道为什么，这几天我总觉得心里隐隐地有些担心。凭您的经验，您说说我们这几个人究竟考得上不？"江玉春看着班主任，把大家的忧虑说了出来。

班长把众人的心声抖搂出来，大家一下齐刷刷地把目光投向高源。

著名作家柳青说过——"人生的道路虽然漫长，但紧要处常常只有几步"。是啊，面临人生的转折路口，即使成年人，都面临着巨大的压力，更何况这些花季少年呢！高源顿觉有股压力向他袭来，并且越来越大。

学生们的表现其实也是一种考前焦虑症。面对他们的疑问，他一下子沉思起来。他不是法力无边的神，不是超越时空的圣人，作为一个普通人，他最多只能凭借对学生的了解提出一些建设性的意见。而影响考试的因素实在太多，并且还可能会发生一些出人意料之事。

他想起了自己初中和高中的两次升学考试：中考前三十分钟，猛然发现没带准考证！原来，早晨在家换衣服时，竟没有把揣在头一天穿的衣服里的准考证拿出来。幸好学校距家不算太远，他一阵风跑了三公里碎石机耕道，回家拿到准考证，终于提前十分钟赶到考场。高考前夕，在住的旅馆温习时，草稿纸被吊扇吹落，放在纸上的钢笔也随之掉在地上，笔尖折弯了，只得将其弄直勉强使用。幸而这两次他的心态都较平稳，加上第一科语文又是他的强项，所以没怎么影响到他的考试分数。

他知道，此时此刻，学生们对他寄予了很大的希望。而他的一言一行，哪怕是一丁点儿细微的表情变化都会像一块巨大的石头投进学生们的心海，激荡起阵阵波浪！不能敷衍搪塞，更不能危言耸听，必须像对稚嫩的花朵一样小心翼翼地呵护……

看到班主任没有即刻说话，江玉春想到自己提的问题实在有点儿让人为难。于是，便对高源说："高老师，您随便说说，我们相信您！"

这时，高源的目光落在了办公桌上一小一大的字典和词典上，一个灵感在脑中突然闪现："这样吧，我也说不准，我们就来做一个游戏，就请'典先生'来给你们算一卦，怎么样？"

学生们面面相觑，不知老师说的游戏是什么？这个"典先生"是谁？又怎么样来算卦？

"你们别不信，这个游戏可是很准的哟！"高源先给学生们吃了一颗定心丸，却仍然卖了一个关子。

学生们仍闹不明白，不知老师葫芦里卖的什么药。

高源的话增加了这个游戏的神秘气氛。看到学生们表现出来的神态，他觉得自己的想法可行了。其实，虽然经常使用这些工具书，他也没想到竟然还要借字典来助学生们一臂之力！

"传说仓颉是发明华夏文字的先祖，中国汉字现有四万七千多个，个个具有独特的形状。仓颉造字，夜闻鬼哭。果真传说可信，那就是鬼雄们为中华神奇而独具魅力的文字喜极而泣，中华文明可谓感天动地！汉语词典有些厚，今天我们就用这本《新华字典》来做个文字游戏。开始我说的'典先生'就是'字典先生'和'词典先生'，现在，就请'字典先生'来帮助同学们答疑解惑吧！"

第一次听老师说要请字典来帮忙，可还是不明白老师要如何做这个文字游戏，大家都觉得很新奇，于是都目不转睛地看着班主任。

高源随手拿起《新华字典》翻了翻："这本字典是一九七九年修订重排本，请大家记住：字典正文是从第一页到第六百零九页。请大家随意在一到六百零九页内总共选出三个字，然后，我再来为大家解析。再请大家注意的是，不是叫大家翻开字典选择，而是关闭字典，请大家写出页码，并写出顺数或倒数第几个字，就可以了。"说完，高源给每个人一张白纸。

几个学生各自思索了一下，在纸上写下了自己要选的字的页码。

"高老师，我选的是第三页顺数第三个字，第三十三页倒数的第三个字，第三百三十三页顺数的第三个字。"繁学东把自己所选三个字的页码顺序交给高源。

高源立即找出繁学东选出的三个字，分别是"嗳""钹""宁"。他前后翻阅了两遍，认真地思考了一阵，便指着第一个字对繁学东说："你看，'嗳'是一个多音多义字，作为一个叹词，音虽有区别，但三种意思基本接近，都有表示否定之意，对你来说，就意味着对你过去的一切表示不满意、不满足，或有悔恨，对将来有所期待，那更应该把握住现在。这与你选择来补习，追求自己的梦想有联系。"

繁学东听着不停地点头，江玉春她们刚听时也觉得有点儿不可思议，但认为老师阐释的又合情合理。大家都没有插话，继续听高源分析。

高源翻到字典第三十三页，指着本页倒数的第三个字分析道："'钹'这种乐器，记得我读师范时，音乐老师介绍说，这种铜质圆形的乐器，最初流行西域，在我国南北朝时流传到内地。至今，我国有几十个民族都在使用。钹的一个特性就是两面器物为一副，互相撞击才能发出声响，且声音响亮。如果这个字与你相连，会说明什么呢？我想，不外乎说明你只有与他人相互团结，互相帮助，才有可能发挥出自己的价值。你想想，单面一个钹放在那里，谁能听得到它的声音？根本不可能引人注目。你担任科代表，发挥自己的优势，既帮助了同学，也锻炼了自己，最终与同学们共同提高，难道不是尽如人意的事吗？

"最后一个字'宁'，也是一个多音多义字，对这个字的理解就容易一些。就书面涉及的意思和你的经历都预示着你这次考试会成功的。当初你与命运抗争，选择来校复读，求得了一颗心灵的满足与宁静；你这一年来的刻苦努力会让你安心地去迎接考试；'宁'这个简化字在造字法上属于会意范畴，在以前生产力落后的岁月里，自然条件恶劣，且战祸不断，家中有男丁就会增加一些安宁的因素。这也许说明了你将来学有所成后，一定会治好你母亲的病，给你的家庭带来幸福！"

高源条分缕析后，江玉春几个人就鼓起掌来。大家对高源的剖析致敬，并预祝繁学东有一个好结果。

"谢谢！谢谢高老师！"繁学东向高源深深地鞠了一躬。

"不必客气！仅供参考。我只是想问一下：你为什么选的字都是与'三'这个数字有关的页码和排序呢？"

"高老师，我欣赏老子说的那句话——'一生二，二生三，三生万物。'"

"哦。"高源若有所思，立即赞扬了繁学东，并对众人说道："道家有许多至理名言，有空时你们都可以多学习多背背，很有益的。如'千里之行，始于足下'。'天下大事必作于细，天下难事必作于易'。"

接着何明遏等几个人也分别让班主任分析了他们所选字的寓意，高源的剖析让他们心中所悬的石头一个个纷纷落了地。

等同学们把自己选的字都交给班主任分析完后，江玉春才把自己选的三个字给了高源：第一百页顺数第二个字，第二百三十一页倒数第三个字，第六百零四页顺数第十二个字。

高源依次把三个字找了出来，默想了一下，开始阐释："第一个字'睹'，其意很明白，那就是看。记得清代著名学者王国维谈治学的三种境界时说过，第一境界便是'昨夜西风凋碧树，独上高楼，望尽天涯路'。看准看清自己前行的方向，确立自己奋斗的目标，所以，看也是不能随随便便的。江玉春，你的奋斗梦想没有变吧？"江玉春点点头。

"第二字'菊'。你本是生于春天，却与秋天的菊花有缘。春种秋收，菊花在金色的秋天，将它的美呈现给大自然，引起了古今多少名人的关注，引发了他们不尽的慨叹，激起了他们无穷的灵感。我们四川人陈毅元帅还专门写过一首你们都熟悉的诗《秋菊》：秋菊能傲霜，风霜重重恶。本性能耐寒，风霜其奈何？秋菊坚强的性格在你的身上也有体现，此字寓意你不惧怕困难，向着自己预定的目标前进。"高源停顿了一下，喝了一口水，继续说道："你选的第三个字在字典第六百零四页顺数第十二个字是'奏'，从字典的三个释义来看，偏向于褒义。所以，我个人觉得你这次中考会佳音频传，凯歌高奏！怎么样？有信心吧？""有信心。谢谢高老师！"

看着在场的几个学生眉开眼笑，高源也觉得心情格外舒畅。

考试前三天，学校初三学生不再上课。有的学生回家休整，也有的学生留在教室里自己复习。

毕业班的教师也放松了，王德立招呼大家打了一次平伙，买了猪下水肥肠和心肺来烧莴笋。算下来，人均摊了一块一角钱。

考试前夕，高源发现何明遐有点心神不宁的样子，觉得他的神经如弓弦一样绷得太紧，肯定不利于明天在考场的发挥。于是，他叫何明遐到办公室，陪自己下象棋。高源手执黑棋，何明遐执红棋。

　　第一局，高源攻势凌厉，不给何明遐任何喘息的机会。不到五分钟，何明遐输了。高源看见他紧张的神情，便提醒何明遐说："放松一点儿，不要太在乎输赢了！重要的是调整好自己的情绪，沉着冷静，只要思绪不乱，就会有转机的。"

　　何明遐应了一声，便开始第二局。第二局，高源放慢了进攻的节奏，何明遐紧张的情绪也渐渐平静下来，眼观六路，起落有着。结果，双方打了个平手。

　　第三局开始，高源主动展开攻势。何明遐首先布好防御阵式，然后伺机吃掉了高源的一匹马。高源立即出车，扬言要报仇雪耻。在炮的配合下，也吃掉了何明遐一个炮。这样，一来二往，高源看见何明遐的布阵有起色后，故意卖了个破绽，说要去将对方一军，果然被何明遐察觉。何明遐不动声色，一下子吃掉高源一个车。高源一方形势急转直下，处于劣势。又战了几个回合，高源最后只得缴械投降。何明遐胜。

　　此时，双方各一胜一负一平。

　　"再来。"黑方立刻又摆好棋盘，往前拱一卒，红方象飞田角。这一局是关键局，双方短兵相接，战况异常激烈，都想拼个你死我活。结果，红方越战越勇。第四局，红棋胜。

　　"可以不下了吧？"何明遐不想再战，他想：如果此时结束，结局胜负未定，也并不能说明高源就败了，自己也没有什么压力，老师也有面子。

　　但高源知道，这跟自己的初衷还差点火候。气可鼓而不可泄，既然已经用了一捆柴，那何妨再添加一把，就让火更旺一点。他先看了一下手表，又看着眉头已舒展的何明遐说："今天下的棋不能成为一盘没有下完的棋，我们不要留下任何悬念。反正你也复习好了，现在还不到九点，再来一盘！总之，大家都不要留一手，比赛公平，把自己真实的水平发挥出来。如果这局我赢了，那就把下一局定为决胜局。"

　　"好。"何明遐答应了。二人又拼搏起来。这一局，高源有些急躁，连连失手。不到十分钟，高源就败下阵来。何明遐笑道："高老师，您是不是高抬贵手，手下留情，让我了？""怎么会呢！明遐，你也不要骄傲。等你考完后，我们再好好切磋，怎么样？"高源也满面含笑。"好。""那快点儿回去，冲个澡，早点儿休息。""高老师，晚安！""晚安。"

尾　声

　　作为一个普通人，他感受到的生活通常是平面的，不是没有高山峡谷，但都像海底世界一样，深埋在水里；也不是没有风雨，但都是大地和人心可以承受的风雨，可以被记忆淡化的风雨。让一段一段的日子归于平淡，让一件一件的往事如烟散去，让新的生命看到生活的本色。这就是规律，也是天道。

　　中考结束后，班上举行了毕业联欢会。会后，学生们各自回家，等候公布考试成绩。高源、付正平和傅大勇三人被抽调到县上参加中考阅卷。

　　七月的一天，高源和林婧来到岷江边的三元寺。

　　三元寺矗立在锦江下游的三江乡。在这段江面，芦溪河与锦江在此处汇聚。大雨之后，一黄一灰的两条龙合并汇成一条灰黄色的大龙。大龙舒缓地往前游去，不狂不躁。

　　二人来到三圣殿。三圣殿是寺庙的正殿，香雾缭绕，不少信男善女进进出出。

　　大殿里供奉着儒释道的鼻祖孔子、释迦牟尼、老子三圣的塑像。

　　林婧将挎包中的零钱掏出来，放进随喜功德箱里。高源双手合十对着三圣像默默地三鞠躬。

"为什么会把这三尊像放在一起呢？"从大殿出来后，林婧向高源提出了自己的疑问。

"这就寄寓着人们心中的企盼：三教合一，众生平等幸福。其实，东西方这三教有着很多相同点。"高源说道。

"这三教究竟有哪些相同之处呢？"

"这三教在讲求'和善''和谐''和平'方面基本是一致的。儒家主张仁义，讲的是入世；佛家主张自我修炼，讲的是出世；道家主张自然无为，讲的是大道。各自有一套较为完备的理论。"

"这三圣也有不少传奇故事，真让不少世人心生向往。"

"人们之所以不可能忘记这三教，还在于这三教与现实生活中的许多事情是紧密联系的，许多现象又可以用这些文化理论加以解释，从而提高人们的认知，看清自我，求得人与人、人与环境的和谐相处。"

二人沿江边的护栏边聊边走，寺中的鼓声响起，余音袅袅，和着不息的江水飘向远方……

暑假里，会考佳音频传：全乡上中师中专统招线和委培线的考生十二人，其中民中一人，袁华班二人；上高中线三十人。考试成绩是芦溪初级中学校史上最好的一届。

八月，高源班上的教师王德立、贾成功调离芦溪中学。三年后，傅大勇、高源也相继调离。赵琼副校长辞去公职，成了自由作家。五年后，高源原来所在的八六届一班教师像离巢的小鸟，陆续离开了芦溪乡……

很多年后，江玉春组织了高源五十岁的生日聚会，班上除了两位同学在国外公司暂时脱不开身，其余同学都来为班主任贺寿。宴席中间的一张大圆桌上摆放了一份特别的贺礼——按序号排列的五十一份"优胜卡"似一朵盛开的莲花！

何明遐、繁学东两人粗略地统计了一下，同学中有五人成为教育行业的省、市、县名优教师，有三人成为医院的业务骨干，有六人成为企业公司的经理，一人成为获得国家最高文学奖的著名作家，在县政府机关工作的有四人，其中有一名副县长、两名局长。另外，还有二十几人在各行各业选择了自己喜爱的工作。蒋莲梅成了某建筑公司副总。鲁媛媛从技校毕业后分配到纺织厂，后来又从纺织厂辞职出来开了一家服装商店。漆连仁接受高源的建议，到职中读了汽修班，现在办了一家有十多名职工的汽车维修厂……目前，高源在县上某部门办公室供职。

宴席上，响起了当年高源为初三毕业联欢会写的歌曲《怀念》：

> 不论在什么季节，无论在天涯海角，我们都不停地怀念，怀念中学的黄金岁月。一张张奋发的脸庞，我们是蓬勃的朝阳，我们为梦想而战，用奋斗来富足家园。我们眼望苍穹，我们心装世界，我们是宇宙的灵魂，书写着生命的图腾。亲爱的同学们啊，温暖的岁月正当年青……

2013 年 9 月初稿于成都
2015 年 12 月第二稿于台湾
2018 年 3 月第三稿于成都

后　记

那一片温暖的风景

　　本来吧，我的生活是风平浪静的。实在说来，《乡村班主任》这部小说是被同事和我教过的学生们吼出来的。就像生活的原野突然蹦出一只兔子，而这只兔子的诞生缘于一种特殊的声音（与惊吓无关），一种关爱的声音。

　　2013 年，我从教整整 30 年。在教坛一起耕耘过的同事、朋友们，鼓励我提笔记录一段我们一同走过的岁月。他们非常感慨地回味着：那是一段如诗如歌的岁月……那时的我们看不到教育的铅华与喧闹，我们精心地培植着希望、真诚！

　　我们在尊师重教的氛围里陶醉，在全社会敬仰的目光中奋发，怀着报效国家和富强家乡的志愿无私奉献……我们坚守着一片圣洁、宁静的校园。

　　教育按照自身的规律随着春夏秋冬四季的转换生根，发芽，开花，结果。虽然，也有清贫的困扰，也存在着各种各样的小矛盾、小纠结，可总的说来，教师心不累，学生心灵也是轻松自由的，人人心中充满了激情和憧憬。同事们说，那段岁月值得书写一番，那是一方教育的清水，真该将这美好的记忆保留下来。于是，我心中有了大山生云烟的冲动，有了沉甸甸的彩虹般的责任感。

前年，我参加了学生组织的 30 年同学会。学生们在班委的组织下排着队，一个个依次向我们行礼，这令同事们感慨良久。一位同事自豪地说，为什么当年的学生会千方百计组织这场聚会，我们能受到如此尊重？因为那时的我们，是用自己干干净净的心血在教他们，没有掺杂任何一点私利或交易。教师是学生身边的楷模这一点，我们是做到了的。

那时，教师们主动进修提升自己，义务补课辅导，无私关爱学生的学习、生活、健康、家庭，一心只为学生前途着想，师德考核是得了高分的。

30 多年前，我和一群年轻的同事怀着对未来的无限憧憬，在教育之路上吟唱着昂扬的奋斗之歌，坚定乐观地行进着，希望的原野鲜花盛开。

在我从教的第二年，学校来了一个年龄比我稍大的女学生，对她的遭遇我不敢过多地探询，更多的是佩服她渴望读书、勤奋学习的精神。多少次，班上的老师在心里为她祈福。我班有个学生为了改变自身的命运刻苦学习，然而中考失利，又因家人反对他去复读，竟服了农药自杀，幸而抢救及时，没有酿成悲剧……这些都深深地震撼了我的心灵，坚定了我的梦想！

知识改变命运，深深地烙在了那个时代，铭刻在那个时代人们的心里。我切实感受到了教育人肩上所肩负的历史使命，并在梦想里念叨：教育载道。

那个时期，虽然财政压力大，但是对学校建设方面的困难政府总是努力解决。尤其让人感动的是，当时的乡党委书记张国全常来学校与教师座谈，拉家常。家在外地的他，并没有将女儿送到城市学校，而是亲自将女儿送到我们这个偏远的农村学校来读书。

那时，尽管教学压力大，人们对知识的渴求十分迫切，却依然没有多少教死书、读死书的现象。旅游、野炊、放农忙假、搞课外活动、文艺演出、知识竞赛等成了所有班主任工作中的必备项目，纳入每学年每学期的工作计划中。学生学习的课堂不只在校园，还在校外的广阔世界里。

那时班上的老师都有一种感觉：课堂上从不管纪律，哪怕是学生上自习也一样。尽管有一部分学生学习有些吃力，但从不影响他人，也在尽力上进。当我倾心教育，躬耕在这一片净土时，也有不少收获。我的文章发表了，工作获得县委县政府奖励，学历提升了。农忙时节，竟有学生悄悄地赶到我的老家帮忙收割麦子。至今，还有不少学生时不时地和我及原班老师相聚，畅叙师生情谊，分享工作和生活中的点点滴滴……

……我就想，那时的我，给了多少学生一颗真心？

……在教育上，莫让真心蒙尘！

……教育是心与心的交换。

……孩子不是摇钱树。

……教育一旦商业化或功利化，受伤的是孩子稚嫩的翅膀。

我们究竟应拿一颗什么样的心去做教育？教育有自身发展的规律，教育类似农业，要遵循春夏秋冬，要讲究天时地利人和。教育是养心，不能一门心思去作秀。教育是成就人一生幸福的事业。教育要以人为本。

因工作关系，我到韩国参加过"中韩青少年夏令营"，到过我国台湾地区参加班主任培训，也参加过"中英校际连线"，接待过不少来中国访学的学生。我深深地为书中记录的那段教育经历而自豪，与这些学生相比，我的学生们更优秀。

对教育的感悟和理解，我也并不透彻，拙著中对一些现象和本质的把握也可能不准，敬请读者理解！我感谢曾工作过的学校以及学校同仁、学生、家长！感谢关心我成长的师长和朋友们！

是你们温暖了我的人生梦想。我也深深地感恩教育，是教育塑造了学子美好的未来！在写作过程中，感谢我的家人和朋友对我的鼓励和支持！感谢成都市双流区教育局、成都市双流区教育人才交流中心和成都市双流区招生考试委员会办公室给我提供了珍贵的历史资料！

周开金

2018 年 6 月于成都双流